新文科视域下课程思政建设的理论与实践探索

吴萍萍 ◎著

光明日报出版社

图书在版编目（CIP）数据

新文科视域下课程思政建设的理论与实践探索 / 吴萍萍著. -- 北京：光明日报出版社，2023.11
ISBN 978-7-5194-7594-9

Ⅰ. ①新… Ⅱ. ①吴… Ⅲ. ①思想政治教育－教学研究－高等学校 Ⅳ. ①G641

中国国家版本馆CIP数据核字(2023)第 211905 号

新文科视域下课程思政建设的理论与实践探索
XINWENKE SHIYUXIA KECHENG SIZHENG JIANSHE DE LILUN YU SHIJIAN TANSUO

著　　者：吴萍萍	
责任编辑：郭玫君	责任校对：房　蓉
责任印制：曹　诤	

出版发行：光明日报出版社
地　　址：北京市西城区永安路 106 号，100050
电　　话：010-63169890（咨询），010-63131930（邮购）
传　　真：010-63131930
网　　址：http://book.gmw.cn
E - mail：gmrbcbs@gmw.cn
法律顾问：北京市兰台律师事务所龚柳方律师
印　　刷：北京四海锦诚印刷技术有限公司
装　　订：北京四海锦诚印刷技术有限公司
本书如有破损、缺页、装订错误，请与本社联系调换，电话：010-63131930
开　　本：787mm×1092mm　1/16
印　　张：11
字　　数：200 千字
版　　次：2024 年 4 月第 1 版
印　　次：2024 年 4 月第 1 次印刷
书　　号：ISBN 978-7-5194-7594-9
定　　价：52.00 元

版权所有　翻印必究

前言

在当今社会中，文化、教育、思想等文科领域的影响力越来越大。教育工作者需要关注和反思当前的课程思政建设工作，尤其是在新文科视域下的理论和实践。新文科视域是指在新的历史发展阶段和学科研究格局下，重新审视文科的研究对象、研究范式和学科状况的一种学术取向。如何将新文科视域下的思想和理论应用到课程思政建设中，是一个值得探讨的问题。只有通过不断的思考和实践，才能不断提高思辨能力和课堂教学质量，为社会和国家的发展做出积极贡献。

基于此，本书以"新文科视域下课程思政建设的理论与实践探索"为题，首先，阐述新文科的解读、新文科的地位与体系构建、课程思政的特点与教育意义、新文科视域下课程思政建设的主旨；其次，分析课程思政教育理念的形成、思政课程的理念及其特性、课程思政与思政课程的辩证关系、课程思政与思政课程协同发展的策略；再次，讨论课程思政与学生的主体性发展、课程思政教育的目标与规律、课程思政教育的主要内容、课程思政协同创新的评价探索；然后，对重视课程思政建设的顶层设计、构建课程思政教育课程机制、打造高效协同育人的教师队伍、构建"育人""育才"并重的人才培养体系进行论述；接下来探讨素质教育、德育教育、生态文明教育、创新创业教育的课程思政实践；最后，研究新文科视域下汉语言文学专业、新闻专业、法学专业、广告专业、英语专业教学与课程思政的融合路径。

本书密切关注时代背景、紧贴实际问题、理论结合实践，而且具有较高启发意义与可读性，紧紧围绕当下教育实践中的现状，对如何促进学生的思想品德、如何提高教育教学质量等展开深入探讨，具有很强的实际指导意义。

笔者在本书的写作过程中，得到了许多专家学者的帮助和指导，在此表示诚挚的谢意。由于笔者水平有限，加之时间仓促，书中所涉及的内容难免有疏漏之处，希望各位读者多提宝贵意见，以便笔者进一步修改，使之更加完善。

目 录

第一章 新文科与课程思政理论基础 ······ 1

第一节 新文科的解读 ······ 1
第二节 新文科的地位与体系构建 ······ 4
第三节 课程思政的特点与教育意义 ······ 11
第四节 新文科视域下课程思政建设的主旨 ······ 22

第二章 课程思政与思政课程的协同理论 ······ 24

第一节 课程思政教育理念的形成 ······ 24
第二节 思政课程的理念及其特性 ······ 26
第三节 课程思政与思政课程的辩证关系 ······ 34
第四节 课程思政与思政课程协同发展的策略 ······ 39

第三章 课程思政教育教学的理论体系 ······ 48

第一节 课程思政与学生的主体性发展 ······ 48
第二节 课程思政教育的目标与规律 ······ 54
第三节 课程思政教育的主要内容 ······ 59
第四节 课程思政协同创新的评价探索 ······ 64

第四章 课程思政的建设实践与优化 ······ 80

第一节 重视课程思政建设的顶层设计 ······ 80

第二节　构建课程思政教育体系 …………………………………… 86
　　第三节　打造高效协同育人的教师队伍 …………………………… 91
　　第四节　构建"育人""育才"并重的人才培养体系 ……………… 104

第五章　课程思政教育的多元实践探索 …………………………………… 111

　　第一节　素质教育的课程思政实践 ………………………………… 111
　　第二节　德育教育的课程思政实践 ………………………………… 114
　　第三节　生态文明教育的课程思政实践 …………………………… 120
　　第四节　创新创业教育的课程思政实践 …………………………… 135

第六章　新文科视域下专业课程与课程思政的融合实践 ………………… 142

　　第一节　新文科视域下汉语言文学专业课程思政体系构建 ……… 142
　　第二节　新文科视域下新闻专业课程思政教学设计 ……………… 147
　　第三节　新文科视域下法学课程思政教学的实现路径 …………… 150
　　第四节　新文科视域下广告专业课程思政教学探索与实践 ……… 155
　　第五节　新文科视域下英语专业教学与课程思政的融合路径 …… 161

参考文献 ……………………………………………………………………… 167

第一章 新文科与课程思政理论基础

第一节 新文科的解读

一、学科维度的新文科

新文科，是基于现有传统文科的基础进行学科中各专业课程重组，形成文理交叉，即把现代信息技术融入哲学、文学、语言等诸如此类的课程中，为学生提供综合性的跨学科学习，达到知识扩展和创新思维培养的目的。新文科并没有从根本上否定传统的文科，它在原有的基础上持续深化，向纵深的方向发展。在提及"文科"时会从三个维度着手。①在高考时和理科相互对应的。在这之中，文科科目主要包括地理、历史、政治，理科的科目则主要指的是物理、化学与生物，其他的科目如美术、音乐、体育等则是艺术类学科的基本范畴。②文科的内涵与"实科"相互对应，它主要指的是历史、文学、语言、哲学等各种具有基础性的学科。③在高等教育中，有一类学科被统称为哲学社会科学，它们主要指的是一些人文类学科，简单来说可以将其分为两类：一是社会科学，二是人文科学。在这之中，前者主要包括的是管理学、法学、经济学、教育学等。后者则主要指的是艺术学、文学、哲学等。

从多个维度、多个层次来理解文科是十分必要的。文科的概念十分广泛，涵盖了多个学科领域，并存在着多样的认知方式。近年来，新文科的概念逐渐兴起，希拉姆学院于2017年首次提出了新文科的概念，对传统文科进行了解释和重组。新文科强调学科融合、创新和共享，将新技术与语言、文学和哲学等传统领域交叉融合，为学生提供了跨学科学习的便利。

我国强调新文科的融合与交叉、创新与继承、共享与协作等路径，实现了学科之间的深度融合和交叉，使传统文科获得了更大的发展空间。新文科不再以学科为导向，而以需求为导向；不再强调专业的独立性，而突出多学科的融合；不再强调适应服务，而强调引领和支撑。

与传统文科相比，新文科具有以下三方面特点。

第一，新文科在人文精神主题方面呈现出新的特色。文科注重培养学生的人文素质，然而，随着时代的变化，人文精神主题也发生了巨大的变化。人文精神的地位凸显了人与时代发展的同步性，这是新文科最重要的特点。

第二，新文科在学科融合方面表现出新的特点。新文科具有明显的综合性，学科之间的融合已成为推动学科发展的重要方式。我们应该关注学科建设，加强不同学科之间的沟通。重要的社会科学、物理科学等领域需要抓住生命科学等前沿领域。信息科学代表了当今社会发展的潮流，促进学科之间的融合，发展交叉学科，使工程技术、自然科学、人文科学等相互交融。与传统文科最大的不同在于，新文科将关注点放在学科融合性方面，交叉发展已成为学科的主流趋势。

第三，新文科涉及学习方式和教育方式的新变化。在数字化的推动下，人文科学获得了前所未有的机遇。我们需要加强人文科学与人工智能、大数据等领域的深度融合，从更全面、全新的视角探索数字化背景下人文科学的发展模式。在本科教育中，需要关注教育教学和信息技术之间的相互融合，发展更加个性化、智能化、网络化的教育模式，真正实现高等教育与互联网的融合，让信息技术成为推动高等教育发展的强大力量。多媒体、互联网等浪潮带来了教育方式和学习方式的显著变化，这些是新文科发展的重要支持力量。

综上所述，新文科相较于传统文科，在人文精神主题、学科融合及学习方式和教育方式方面呈现出明显的新特点。新文科的发展为学科建设提供了更大的空间和机遇，同时也对教育教学和学生发展提出了新的要求。只有我们全面理解和把握新文科的内涵，才能更好地推动文科教育的发展，培养出具备综合素养和适应未来社会需求的优秀人才。

二、历史维度的新文科

各个历史时期，教育所追求的目标存在差异，对文科的各种诉求也自然不同，有着其特殊的侧重点。从我国哲学发展史来看，应该着眼于更为宽广的角度，从世界发展与国家建设的角度进行审视。不管是哪一次社会建设，不管是哪一次文明的发展，都需要哲学发挥其思想变革的导向性作用。就更为宽广的历史维度而言，在新文科建设的历史脉络中，它的核心思维在于在时代的助推作用下，让人文精神伴随着主题而不断发展，不断深化。

从世界文明史的发展演进来看，追求人文精神、向往自由都是其特定的传统。同时，在时代发展变化下，人文精神内涵不断丰富。古希腊追求的是教育的"自由"，追求的是"博雅教育"。它们都更加适用于培养自由者，培养更具理论素养的个体。

当下，我们生活在一个命运共同体的时代，共享、共生的价值不断凸显，和谐成为发展的主流。从人文精神的主题来看，其内涵也随着时代产生了新变。从新文科发展的过程来看，我们需要与新时代更好地结合起来，将其放在当下的背景之中，对其进行新的内涵阐释。

三、时代维度的新文科

时代促进了新文科的产生，当下，我们处于国家发展的最好阶段，世界处于不断变化的大局之中，这一变动可能会产生大的变数，同时，也蕴含着较多的发展机遇，在这之中，"文明的力量"尤其不可忽视。多元文化、全球经济、信息化社会改变了原有的学习方式、人才培养目标。正是因为这一原因，新文科才应该在新的变局当中产生新的认知，有新的创举。

在世界大变局背景下，综合人才培育与教育发展进行观察可知，新文科也是新背景下教育界对于教育发展所进行的一次崭新的探索。当下，人文学科备受重视，人文精神需要重塑，这就为新文科更好地区分于传统文科奠定了坚实的根基。

四、中国维度的新文科

不管是哪一个国家，都对新文科建设十分关注，也采取了相应的行动。世界上不同的国家都在进行新文科建设，我国也需要与当下的教育实际密切联系起来，将其与人才培养需求更好地结合起来，立足于中国的发展实际，彰显出中国特色新文科的优势。符合中国国情的新文科应该担负起时代赋予它们的重要责任，可以将其细化为两个部分：一是围绕新文科这一核心，构建适合中国国情的学科机制、学术机制、话语机制；二是在对人才进行培养时，要将立德树人作为一个根本的标准和重要的参照。

构筑更高品质的新文科，这也是促进我国高等教育建设，使其质量不断提升的根本。要建设具有我国特色的新文科，这是高等教育创新发展的必然要求。在构筑中国特色学科机制、学术机制、话语机制的过程中，新文科扮演着不可忽视的重要角色。

我国作为一个拥有较强实力的哲学社会科学国家，在世界上无论是论文的数量、研究力量还是政府支撑等都位居前列。要遵循着眼未来、关注当下、凸显历史、借鉴外来的基本原则，更好地建设具有我国特色的哲学社会科学体系。从学科建设、话语组成、学科架构等方面彰显出我国特有的气派、特有的风格。完善话语体系不可能一蹴而就，它是一项艰巨的使命，新文科扮演的角色更为重要。从新文科建设来看，要对自身的中国立场进行合理的解释，同时，把中国的风格与中国的特色凸显出来，通过中国话语对我国的教育发展进行阐释，进行解读。

　　教育最先需要思考的就是培养什么人。鉴于我国社会主义国家的基本性质，教育就必须将培育社会主义接班人作为一个重要的任务和使命。教育所培养的人应该牢记他们的奋斗使命，自觉承担起社会主义赋予他们的责任。从新文科建设的基本过程来看，立德树人应该是一个根本的遵循，要坚持将树人作为一个重要的核心，以立德为引领。教师在对人才进行培育时，必须把"育人"和"教育"紧密结合起来，主动做华夏文明的传承者。明显可知，我国的教育十分重视文化的培育与道德修养建设，这和新文科所追求的目标可谓是不谋而合。这是培育中国人才的根本诉求，也是新的时代背景下建设新文科的必然选择。换言之，在教育中践行立德树人的根本原则，也是具有我国特色的新文科发展所追求的一个根本目标和根本任务。

第二节　新文科的地位与体系构建

一、新文科的特征

　　在我国高等教育发展过程中，新文科是一个重要的组成部分，它本身就具有系统化、综合化、标准化等基本特征。要深刻把握新文科的内涵，了解其基本概念，明确其特征，进而更好地探索新文科建设可以采取的优化路径。

　　新文科不仅仅属于概念的范畴，也是学术探讨的一个核心。在大的思维理念引导下，明确新文科基本的建设模式、重要的组织原则，探索出更具实效性的文科建设发展路径；从微观的角度明确建设的基本思路，展开具体的学科规划，同时，通过人才培育的模式将其体现出来。但是，新文科建设没有固定的模式可以遵循，必然会回归到传统文科建设的模式之中。要把握好"理念、模式、内容、方法"等不同的维度，借鉴新工科建设的基本理念，探索出更具创新性、更具协同性、更具传承价值的新文科建设发展路径。

　　新文科概念不单单是从学科的角度而言的，在这一理念诞生之前，其内在的系统化特征就已经十分突出，概念认知特点也十分明显。新文科建设具有较强的系统性，它包括多元化学科建设基本思路，需要考虑到目标、方法、内涵、路径等多方面。新文科除了具有其他人文科学所共有的基本特征之外，还兼具融合性、创新性、发展性、战略性等多方面特征。这些特征对于新文科的基本思维、基本目标、实现方式等进行了科学的规划，也从总体方面进行了考虑。由此可知，新文科不是特别针对某一学科来讲的，它包含学科建设的总体思路，也是发展的重要路径。

新文科建设要综合分析学科发展的根本、思维、效果、目标、理念、原因等，了解其特征和重要内涵。新文科建设必须具备下述方面的主要特征。

第一，战略性。战略性是新文科建设需要遵循的一个基本思路，也是文科人才培育与社会发展诉求之间所面临的根本矛盾，能够对未来人才培育的要求更好地进行预见。新文科建设需要更好地与国家发展要求相契合，为社会经济建设服务，更好地解决实践问题，以此为根本导向。

第二，创新性。文科建设的难点在于创新，优势也在于创新。创新性较难指的是其理论知识需要遵循特定的思维与惯例，也需要和社会的发展更加紧密地联系起来。推进理论知识的形态发展步伐较慢，所以，要想对理论知识进行创新存在较大的难度。胜在创新是指，和其他学科相互比较，人文学科是十分灵活的科目，它的适应性也是比较强的，要在原有的文科基础上，将崭新的学科要素融入其中，通过崭新的教学方式、创新的专业模式，对当下的知识架构进行不断完善，依照特定的学科目标来展开实施，如此一来，新文科建设必定会取得更加广阔的发展空间。

第三，开放性。新文科建设需要了解社会的变化诉求，对其进行动态引导，实施更新的建设方式，明确其具体内容。新文科建设除了需要彰显出其在内涵方面所具有的包容价值之外，还要将实施中的灵活性体现出来。从新文科建设的综合进程来看，要不断强化与外界的沟通，对于别国的经验进行有效的借鉴，对新文科建设的发展路径进行较好的把握，明确其建设的方向。

第四，系统性。新文科建设除了是一个教育问题之外，也是学科发展的基本问题；它不仅涉及人才培养，也涉及学术研究；它不仅需要从理论的角度进行思考，也需要从实践的维度进行考量。新文科建设涉及研究、实践、理论、路径等多方面，是一个综合性的人才培育机制，因此，我们需要构筑更具实践价值、人才培育价值、学科发展价值的综合性指导方案。

第五，针对性。新文科建设是针对传统文科建设所提出的一个崭新的计划与方案，不过，这并不意味着我们需要将其改造为其他的学科。此外，不能用"一刀切"的方式来对待新文科建设，它没有固定的标准可以遵循。对众多高等院校而言，要结合当地的发展特色，将自身的优势发挥出来，依照新文科建设的基本思路，在此基础上推进新文科的综合性发展。

二、新文科的学科地位

国家越来越看到文科教育的重要价值，新文科建设应运而生。在学科发展的基本内涵之上，我们提出了如何促进时代与人才培育相互结合的基本发展设想。在持续推进"双一流"发展的过程中，我们对于文科学科有了基本的了解，也明确了其站位，这些都是新文科建设的重要基础。促进新文科建设，要牢牢遵循哲学社会科学建设的根本诉求，培育更具中国气派、中国特色的新文化，让顺应时代诉求的科技革命更好地与哲学社会科学结合起来，打造具有中国特色的哲学学派。从中可知，文科教育地位将会直接影响到文科的基本建设，这是新时代文科自我价值与时代发展呼声相互顺应的根本要求。

（一）文科教育的作用

从世界教育史的发展来看，文科教育扮演着重要的角色，其历史发展源远流长，在世界教育中扮演着无可或缺的重要角色。从古代社会发展来看，统治者在进行人才选拔时，一直都将文科作为基础性学科，文科教育成为统治阶级教育筛选人才的一个重要内容。大学教育诞生于欧洲，它的包容性较强，学术的氛围浓厚，思想也十分活跃。所以，在对人才进行培养时，要挖掘出人文学科在涵养品格、培育人才、提升素养等方面的重要价值。利用法学、神学、文学等更好地塑造个体的品格，规范他们的行为。对一所大学而言，长期积淀的教育思维能够体现出大学的精神品格、内在追求、历史涵养以及价值选择，这些都是在文科教育的影响下所产生的。从当今文科教育的基本功能来看，它对传统文化进行了更好的弘扬，文科教育的基础价值得以更好地凸显。

综合而言，文科教育的一个根本使命就在于更好地促进人类发展演进过程中，人们的生活方式、价值选择以及生产模式等的变化，对其进程有着根本性了解。时代发展的特色通过文科教育更好地呈现出来，打上了深深的时代烙印。应该立足全局，用新的眼光对文科教育进行审视，按照时代建设的基本诉求，开拓出崭新的文科发展新模式，与时代发展的步伐相契合，让文科的发展具备更加丰富的内涵、更高的发展效率。利用文科教育，让不同专业的人才拥有更高的审美趣味、更强的社会责任，增强自我价值，对于世界、人生有了自我的认知。从国家的角度而言，文科建设能够增强国家的综合实力，也是国家软实力提升的一个有效路径。

（二）新文科适应新时期的发展要求

在未来的发展中，全球问题将会愈演愈烈。老龄化问题、资源短缺问题、环境污染问题等层出不穷，这些问题将会威胁人类的生存，对可持续建设带来负面的挑战。此外，国际竞争愈演愈烈，世界也发生了诸多变化；多元化文化诉求、信息化建设等都是未来不同领域发展所呈现出来的基本特征。新的产业革命势如破竹，学科之间不断交融，新的学科不断诞生，一些彻底的革命性变化随时发生，产业变革也将释放出其内在的力量。

信息化是未来时代建设的主流，我们生活在一个充满新生事物的时代。云计算、智慧网络、大数据、机器人、虚拟技术等层出不穷，不断涌现。我们要更好地促进文科发展与新型技术建设之间的融合，上述各方面都对文科人才提出了更大的挑战，也是对全新态势的挑战。培育文科人才除了需要与时代的发展相互接轨之外，还应该突破文科领域，文科人才应该具备一定的理科素养，掌握必要的工科知识，积极进行社会建设，促进社会发展。

社会发展对文化发展提出了新的诉求，新文科建设就是最鲜明的代表，要想对当下的学科进行更好的整合，打造自我理论，就要在全世界构筑适合自我发展的话语机制，掌握更大的话语权。新文科建设需要更好地对中国文化进行宣传，将中国的故事讲述好，将中国观点表达清楚。新时代背景下，文科建设需要构筑适合自我的学科机制、学术机制、话语机制。

（三）新文科适应学科内涵式发展的要求

从我国当下的文科门类来看，能够看出文理科之间的界限十分清晰，专业分工更加细化。因而，新文科建设要在当下的框架下进行解剖，更好地开展自我革命。从当下的学科建设来看，不少高校将学科的优势凸显出来，产生了不少边缘学科，学科之间的交叉性不断增强。上述变化是在学科基本定位的基础上所进行的变革，也是对于学科规律的根本性遵循。

当下，世界经济逐渐成为一个整体，经济全球化趋势日益明显，科学技术发展日新月异，科技革命也在进行着飞速的发展，人才需求的国际化趋势日益明显。技术人才应该将自我素质的提升作为重点，涵养自我品格、建设人文素养，培育家国情怀，文科的价值不容忽视。文科建设要更好地顺应时代发展，目前，我们进入了一个信息化的时代里，人们可以通过多元化方式进行理论的学习，书本不再是唯一的渠道。新时代除了明确了教师的角色之外，人才理论结构也更为明晰。教育要向着自觉、个性、多元等方面协调发展。"双一流"建设对于文科发展的诉求更为明晰，新文科突出的是多种学科之间的实用价值、交叉价值，做好拔尖工作，追求卓越，将文科的引领价值更好地凸显出来。

新文科建设有助于为国家培养更具国际视野、家国情怀的人才。随着新工科人才建设步伐的不断加快，具有专业素养以及人文素养的人才数量更多，随着新工科人才培育步伐的不断加快，社会培育出了更具专业技能的人才。新文科建设需要更好地和新医科、新工科等密切结合起来，强化专业型人才的自我素质，比如，医学伦理、人工智能等。由此可知，新文科建设能够引领其他方面的建设与发展，助推其他学科的建设，为其培育出更具伦理思维、正确价值选择的人才队伍。

(四) 新文科适应人才内涵式发展的要求

社会对人才发展有着多方面的诉求，其中，实践性、实用性等特征愈加凸显，传统文科更加突出的是理论性、知识性，没有更好地对实践能力进行必要的引导。目前，新产业布局强调的是人才的复合性，突出的是实践素质的培育。新文科工作者除了应该具备较强的理论基础之外，还应该能够运用新的方式、新的手段来更好地解决问题。除了应该关注经济、管理以及社会之外，还应该在特定的学科方面有着特殊的造诣。

全世界都从工业化迈向信息化，社会发展的速度越来越快，辩证发展的趋势变得更为明显。新文科人才应该"文理兼通"，但这并不意味着文科人才在专业化发展方面应该向着理工科的方向发展，而是应该具备较强的理论素质，能够具备较强的理性思维。要了解自然科学领域的有关知识，同时，对于其原理有着一定的把握，进而具备较强的适应性。文科人才除了应该具备开放性等基本特征之外，也需要能够适应社会发展的步伐，具备较强的沟通水平。

当下，社会的发展不仅仅需要依赖个体才智进行问题的解决，更应该依靠群体发展来促进时代的建设。因而，现代人才应该具备较强的协作水平，将协调能力更好地发挥出来。互联网、大数据等发展的速度较快，各种新的事物不断诞生。所以，人们应该能够具备运用新技术解决新问题，破解发展障碍的能力。现代化人才应该具备较强的外语水平，新文科建设的一个重点就在于发展外语学科，促进其不断创新。新时代应该挖掘中国元素，发出中国声音，因此，要想培育新文科人才必须强化他们的外语能力。

(五) 新文科适应国家教育战略布局的要求

当下的高等教育日益呈现出多元化、多样化、国际化、终身化、普及化等多方面的特征。从本质上来讲，国际竞争中，人才是重要的核心，而其实质就在于教育的竞争。在解决国际问题时，应该具备更强的前瞻性，也应该具有预见性。要更加游刃有余地应对复杂多变的国际问题，做好人才的储备工作，这是教育发展所提出的基本诉求。

从我国来看，教育的发展不仅要面向世界，更应该面向未来。这一理念真正体现出了教育具有的发展性、前瞻性等方面的特征。新文科建设应该将这一理念充分体现出来。新文科建设是促进文科建设更好地顺应发展潮流、促进改革深化所提出的迫切需要。新文科建设是国家立足发展全局，顺应国家态势所提出的，它是一个时代化的崭新命题，与国家未来的发展以及民族的振兴紧密相关。此外，要抓好国家转型的契机，为社会发展提供强有力的发展支撑，提供更加坚实的人才基础。

三、新文科的体系构建

（一）新文科的建设理念

新文科建设要以科学的思维为引导，破除传统的民族性、区域性的视角，从创新性、全球性的维度来进行新的考量。新文科建设要坚持发展的持续性，把握学科建设的内在规律，对于学科发展的基本体系进行探究，利用学科交叉、学科重组等，打造新型学科，如地理学科、人文学科以及政治学科等，促进学科的专业构建，都能彰显出新文科建设的内在价值。

新文科建设必须遵循提升人才素养的根本目标，要培育具有创新素养、专业素养、家国素养、协作能力以及人文品质的人才。新文科建设需要构筑完善的人才培育模式，要对于最终的建设成效进行科学的评判。新文科专业需要针对四种基本能力来进行：①新文科人才需要掌握扎实的理论知识，具备较强的专业素质；②新文科人才要将终身学习作为自身的目标，强化自我实践水平；③新文科人才需要拥有辩证思考的能力以及创新思考的水平；④新文科人才必须拥有更为健全的人格，站在全人类发展的角度深化思考，提升自我能力。

（二）新文科的建设形态

新文科建设要简单可操作，要从不同的方面进行详细的规划，也要将跨越性、综合性、交叉性、融合性、布局性等特点体现出来。

第一，"大"，指的是发展大文科，要将一些关联性较强的学科结合起来，依照学科发展的根本诉求进行系统的整合，使其相互交叉，彼此跨越，对于学科进行新的定位。比如，要将传统人文科学所关联的哲学、文学、历史学等系统整合起来，构建一些大的文科如国学等。此外，从外语这一学科自身的特点出发，可以构筑"外语+"的基本发展模式，发展俄罗斯学、美国学等，也可以发展大外国语的基本模式。

第二，"新"，指的是促进新兴学科的发展，利用学科之间的彼此关联，对于学科进行新的定位。例如，构筑人工智能伦理学。随着工科领域发展程度的不断深化，要通过伦理引导人工智能建设水平的不断提升，例如，互联网伦理、机器人伦理等。此外，新文科必须面向未来，解决发展过程中遇到的各种难题，要不断探索新的新文科建设路径、新文科建设模式，促进其深化发展。同时，也可以促进文科的科学化建设。

第三，"融"，就是将新的研究方式融入其中。之前在人文学科和自然学科之间，研究的方式存在较大的区别，研究对象也明显不同，这就使得文理科之间的差异性较大。但是，现代科技不断成熟，要在新文科建设的过程中融合云计算、大数据、智能技术等新的方式，使其与教育手段紧密结合，促进新文科的成熟化进程。此外，利用文科优势将理工科教育中所匮乏的要素弥补起来，重点培育学生的道德情操、审美水平、责任意识等。

第四，"通"，新文科建设中促进学科之间的跨越交叉，更好地实现不同知识领域之间的技能强化。比如，20世纪80年代之后，不少理工院校都在促进文科专业建设方面做出了不懈的努力，由此诞生了与传统学科相互区别的一些边缘学科，包括工业建设、环境发展、信息科学、管理建设等。这恰恰是不少学者在利用文科专业发展进行办学时首先提出的关于新文科的基本理念，特别针对的是在理工院校进行文科专业建设。鉴于这些专业需要以理工院校为基础，这就使得文科要素与理科要素更好地结合起来，使得各专业呈现出边缘交叉的根本特征。

第五，"特"，也就是要将我国特有的学科价值体现出来。通过民族学来进行说明，从我国民族语言发展的基本流程来看，它与国家的语言安全紧密相关，其战略性价值日益凸显。新文科建设要与高校的发展情况紧密结合，将自身优势凸显出来，促进学科架构凝练化程度的不断提升，拓展出更多的交叉点。

（三）新文科的建设路径

从学科的学术建设体系来看，学科、专业以及课程等是其中的主要要素。从传统学科的基本建构来看，常常是不同的课程促进专业的建设，不同的专业促进学科的发展，不同的专业相互交叉，彼此之间独立存在。

传统学科体系具有三方面的基本特征：①能够根据学科发展内容的不同选择差异化专业；②不同的专业结合自身的特点打造适合本专业的培育方案，设置不同的课程；③假如学科的内涵发生了变化，我们只需要对相应的课程实施修订，这并不会影响相关专业的发展。该模式最大的优势就在于它十分稳定，能够更好地促进学科的建设。如果我们对其中的某一学科进行了修改，并不会影响整体的学科建设。但是，这也恰恰是这一模式最大的不足，即不同专业之间的关联性较差。同时，传统的教育机制建立在特定的学科发展基础之上，同时，它也在不断发展与完善。鉴于不同学科的资源是极为有限的，无法对其进行共享，资源的集中性较差。所以，资源整体的质量无法被保证。

综合来看，专业是建立在学科的基础之上的，鉴于专业的支撑性较强，不同学科之间当然会相互交叉。但是，课程设置等方面的原因，造成专业之间彼此不相联系，这使得各个学科之间几乎没有更多的互动。

从本质上来讲，根本原因在于专业的设置过于精细，造成课程设置具有极强的针对性，学科之间很难进行交叉。由此可知，传统的模式之下学科设置很难促进专业之间的彼此融合，它们也无法借鉴彼此的经验，这一培育机制与人才发展的诉求不相契合。新文科建设就理念上而言就与传统学科之间存在极大的差异，不能针对特定的学科、特定的课程进行人才的培育，我们需要的是更具时代发展特征的、更具综合能力的复合人才。

课程在专业发展与学生之间架起了一座桥梁，其作用不可忽视，各个专业、各个学科的学生对于同一课程进行共享，有助于更好地从实践的角度使得专业之间彼此交叉，更好地促进学科融合。从当下的教学模式而言，通识类课程是各个学科都已经设置的，然而，由于总体的安排不够系统，学生没有在不同的学科之间建立起有效的关联，没有真正实现人才培育的总体目标。

新文科建设应该注意四点：①强调学科建设—专业建设—课程建设的总体发展道路；②对于人才培育的内容不断调整，对其进行丰富，对于课程体系的调整有助于更好地更新教学的基本内容，使得新文科"新"的特点能够更好地彰显出来；③在时代的诉求下促进课程、学科、专业之间的相互交融；④促进其他学科和新文科在理念、思维等方面的相互借鉴，让文科教育与其他教育相互伴随，打造具有较高人文品质的专业人才。

第三节 课程思政的特点与教育意义

一、课程思政及其特点

（一）课程思政的内涵

课程思政是以思想政治理论课的改革创新为背景，以思想政治理论课之外的其他课程作为载体，通过挖掘和整合所有课程中的思想政治教育内容对高校大学生进行思想政治教育的一种教育方式。课程思政的目的在于充分利用其他学科的育人功能，使高校的思想政治教育工作达到润物细无声的效果，最终实现立德树人的根本任务。

第一，从理论的角度看，课程思政是传统思想政治教育理念上的创新。课程思政是将高校各个学科与思想政治理论课"同向同行"，充分发挥高校所有学科的思想政治教育功能，进而达到全课程育人的一种创新教育理念。课程思政的核心在于把思想政治教育内容融入各个课程当中，让思想政治教育内容与专业知识有机结合起来，实现润物细无声的教育目标。

第二，从实践的角度看，课程思政是传统思想政治教育载体上的创新。课程思政既不是增设一门课程或一项活动，也不是将其他学课程进行专业知识弱化，更不是将其他课程"思政化"，而是通过对包括思想政治理论课在内的所有课程内容的挖掘更加充分地发挥课程的育人功能，通过课程设置优化、课程安排、教材制定、教学方法改进等方面，统筹各门课程的思想政治教育元素，明确各个课程的承载能力，使所有课程都能成为科学化、理想化的思想政治教育载体。

第三，从发展的角度看，课程思政是传统思想政治教育本质上的创新。课程思政打破了传统思想政治理论课作为思想政治教育的单一渠道；深化了对高校传统思想政治教育的认识；将思想政治教育工作延伸至所有学科，拓宽了渠道、丰富了载体，有利于将思想政治教育工作贯穿于所有学科、教材、管理体系当中，对于学科设置、课程编排、教材制定以及教学方式改进都是一种发展性创新。

（二）课程思政的特点

1. 隐蔽性

课程思政作为我国高校实现立德树人根本任务的新理念，不以公开的方式直接对新时代大学生进行教授，而是通过隐蔽的方式将政治引导、思想引领、道德熏陶、心理健康教育和劳动教育等方面的内容渗透到教育教学活动中，向大学生传授并影响他们，以无声无息的方式进行教育。课程思政强调将价值观引导隐蔽地融入教育教学活动中，不在形式上或感觉上进行明显的价值观引导，而是在实践中进行价值观引导，即隐藏了价值观引导的"形式"，使其在教学过程中不被大学生直接察觉到。所以，课程思政是"隐形"之教，它所追求的价值观引导隐蔽于教育教学活动中，其隐蔽性具体主要表现在以下两方面。

一方面，施教过程的隐蔽性。专业课教师进行课程思政建设，是将政治引导、思想引领、道德熏陶、心理健康教育、劳动教育等方面的内容渗透于专业知识之中，使大学生在学习专业知识的过程中接受价值观教育。专业课教师所开展的课程思政施教过程也是其所隐喻其中的价值观引导过程，大学生所直接关注的是专业知识的学习活动，而没有直接体验到价值观引导活动，甚至没有感觉到价值观引导的存在，因此其施教过程是隐蔽的。虽然专业课教师具有明确的价值观引导动机，却没有外在地表露出来，因此这种施教过程与思想政治理论课具有明确不同的施教动机和过程。值得注意的是，这种隐蔽性必然要求专业课教师并不是将价值观引导标签式地贴到专业知识中，而是要实现价值观引导与专业知识教育的合二为一，达到价值观教育与专业知识教育形式和内容的一体化。

另一方面，受教结果的隐蔽性。课程思政改革要求专业课教师将思想政治教育元素熔铸在专业课程的专业知识中，对大学生而言，在整个施教过程中，他们的整个思想是向专业课教师的施教开放的，不存在主观的"封闭"和"逆反"倾向，所以其教育效果是突出的。但是由于专业课教师进行价值观引导的施教过程也是专业知识的传授过程，大学生所直接关注的焦点在专业知识上，而不是其背后蕴含的思想政治教育资源。因此，课程思政所取得的价值观教育的效果往往会被专业知识的传授所暂时遮蔽，一般不会即时即刻地暴露出来。从这一意义上来看，课程思政有异于思想政治理论课，教育效果具有滞后性。

总而言之，我国高校专业课教师对大学生进行价值观引导的方式是隐蔽的，因此，我国高校的课程思政具有隐蔽性。

2. 依附性

我国高校专业课教师无法孤立地对新时代大学生进行价值观引导，而是要依附一定的载体，通过这个载体将专业知识蕴含的思想政治教育元素不知不觉地融进新时代大学生的心灵，并对其产生影响和发挥作用——这一载体就是专业课程，所以依附性是我国高校课程思政的特点之一。专业课教师只有全面、正确地把握依附性这一特点，才能增强新时代大学生价值观教育的实效性，提升价值观教育的渗透力、感召力、说服力和吸引力。因此，专业课教师需对自身所授的课程进行精心设计，精心组织教育教学活动，使新时代大学生身体力行，积极参与，从中陶冶情操、树立信念、培养意志。

课程思政建设要求专业课教师利用特定的课程，向新时代大学生传递专业知识中蕴含的思想政治教育要素。这种课程能够由专业课教师来控制和引导。专业课程是联系专业课教师与新时代大学生的形式和工具，双方需要依附于这种形式和工具进行双向互动。课程思政的核心在于培养人才，专业课程教学致力于实现知识传授与价值引领的同步共振，使新时代大学生在学习专业知识的同时，接受到价值观的熏陶，从而成为合格的社会主义建设者和接班人。专业课程承载了丰富的思想政治教育资源，专门培训过的高校专业课教师能够掌握和运用以课堂教学为主要表现形式的专业课程。在我国高校的课程思政建设过程中，专业课教师与大学生之间通过依附专业课程教学这一有效方式进行多维互动，产生积极的教育效果，以实现对大学生价值观教育的目标。

总而言之，专业课教师需依附专业课程来对大学生进行价值观引导，所以，我国高校的课程思政具有依附性。

3. 浸润性

"课程思政的浸润性是指积极挖掘每个专业、各类学科以及课程潜在的思想政治教育资源，并通过课堂教学展现出来，将这些思想政治元素浸润到课堂教学的全过程中，这实质上是一种隐性思想政治教育方法，是与理论灌输法的一个显著区别。"[①]

思想政治理论课与其他课程的一个显著不同就是自身的特殊性质，就是要将思想政治理论传授给受教育者，这显而易见是一种显性思想政治教育。课程思政则不同，它要求专业课教师在讲授相关学科知识理论时渗透价值观引导，将价值观引导寓于每个专业、各类学科以及课程之中是显在的，其本身的存在方式是内隐的，是一种隐性思想政治教育，但是两者的存在是同一的。也就是说，在课程思政的实践存在中，课程思政表现的外在形式是单一的，但其内在的目的、意图以及内容是多维的。值得注意的是，课程思政不是静态的，而是动态的。

课程思政是在不破坏原有的思想政治理论课的前提下，专业课教师积极开发各自所属专业、学科以及所在课程中的思想政治教育元素，将价值观引导体现在课堂教学的全过程以及各个环节之中，突出的是融合中的浸润。把握这种浸润性，要注意把握浸润之魂。浸润是将价值观引导潜移默化到每个专业、各类学科以及课程的每一个环节之中，而不是将价值观教育放置在每个专业、各类学科以及课程的某个环节。这一点体现的是浸润的精髓与灵魂，也就是说，开展课程思政建设，关键是要具有隐性育人的意识，要在课堂教学中植入隐性教育之魂，实现价值观引导与其他课程的融合，从而达到思想政治教育与其他课程形式和内容的一体化。

坚持浸润性，有利于打通思想政治理论课和课程思政的协同育人链接，从而保障课程思政建设的顺利进行。坚持浸润性，有利于凸显主体性与主导性相结合的教育理念。

一方面，课程思政的顺利开展有利于充分发挥教师的主体性作用。在课程思政建设过程中，教师作为兼具能动性与创造性的主体，主要表现为对课程思政建设过程组织实施的主体性、对受教育者施教的主体性、对自身发展的主体性等方面。因此，课程思政建设有利于推动高等院校教师形成完善的知识结构、正确的思想观念，从而在知识量的储备和思想观念的先进性上优于新时代大学生。

另一方面，课程思政的顺利开展有利于继续深化教师的主导性作用。虽然课程思政强调需尊重新时代大学生的主动性与自主性，但是教师作为教育内容的实施者和教育活动的发起人，应深化自身的主导性作用。教师的主导性主要表现为其在整个教育教学过程中的

---

① 杨金铎. 中国高等院校"课程思政"建设研究 [D]. 长春：吉林大学，2021：55.

有意识性，课程思政建设有利于促使他们结合教育任务、目标的需要和新时代大学生思想发生的新变化，及时引导和调控活动的进程和发展方向，根据新时代下的新情况采取不同的应对办法，从而彰显自身的主导性。

二、课程思政的教育意义

我国高校是为国家输送高质量人才的主阵地，其所培养的人不仅要具备扎实、过硬的才能，还要具备为国家、社会及个人服务的德行——德才兼备是我国高校人才培养的目标。课堂是将大学生塑造成德才兼备个体的主渠道，从这一意义上来说，高校的所有课程都应积极承担这一任务。因此，我国高校必须进行课程思政建设。

（一）课程思政是发挥隐性课程育人功能的需要

一直以来，我国高校思想政治理论课独自承担着大学生价值观教育工作，经过长期的摸索和实践，其效果仍难以令人满意。育人是课程的固有功能，我国高校的各门各类课程都具有育人功能，只不过在教育教学实践中被忽视了而已。我国高校课程思政的建设过程就是对思想政治理论课之外的课程育人功能的解蔽过程，就是要激发隐性课程的育人功能，在这里，隐性课程是指专业课程，其应与思想政治理论课这一显性课程一起，共同承担进行价值观教育的任务。因此，专业课教师要勘探专业课程育人元素、铸牢自身政治信仰、将思政工作贯穿育人全过程。

1. 勘探专业课程育人元素的需要

通过高等教育，社会成员经过高校这座"桥梁"实现社会化，成长为合格的公民。如果我国高校仅仅要求大学生学习专业知识和培养专业技能，而不引导他们学会生活、学会工作、学会生存，就很难塑造他们的责任意识、使命意识和权利义务意识，从而降低了教育的水平，使大学生缺乏理想和追求。在我国传统的教育理念中，"传道""授业"和"解惑"是目的和手段之间的关系，然而，长期以来，这种传统似乎被弱化和遗忘。特别是在专业课程中，专业课教师往往仅注重"授业"和"解惑"的目的。新时代对高校立德树人工作提出了新的要求，我国高校逐渐意识到应该在"授业"和"解惑"的同时悄无声息地"传道"，实现教学与育人的统一。

当今世界的思想政治斗争并未随着经济全球化而有所减弱，反而呈现逐渐强化趋势。随着我国逐渐走近世界舞台的中央，课程作为传递国家意志、内含教育目标、彰显教育内容的载体，是学校教育教学活动的基本依据，因此专业课程育人元素的勘探是隐性课程发挥育人功能的基础。任何一门课程都包含知识、方法与价值三个维度，知识是本学科的基础知识和基本概念体系，方法是基础知识和基本概念体系背后蕴藏的思维方式与行为模式，价值是该思维方式与行为模式背后潜隐的情感、态度与价值观。这三种维度相互联系、相互贯通、相互渗透，有机地构成一个整体，任何一个维度目标的实现都是在与整体目标的相互联系中实现的。所以，每门专业课程都同思想政治理论课一样，具有丰富的思想政治教育资源，只不过前者是内隐的，后者是明显的。

目前，高校仅靠思想政治理论课对大学生进行价值观教育是远远不够的，专业课程在吸引学生、感染学生、引起学生共鸣方面比思想政治理论课更具优势。专业课程的课程思政元素蕴含着启迪人们智慧、激发爱国热情、拥有社会正义感、负有社会责任感、具有文化自信、充满人文精神等价值范式的思政元素。

总而言之，勘探专业课程育人元素可以使专业课程的育人功能得到最大限度的发挥，是我国高校课程思政建设的应有之义。

2. 铸牢自身政治信仰的需要

信仰是最高价值的信念，它是一种精神形式，在引导和激励人的思想、感情、行为的作用方面，信仰的力量比任何其他意识形态都更巨大、深刻、持久。人在信仰的激励和引导下，在思想、感情、意识、意志等精神活动中形成一个闭合完整的行为导向，人一旦有了信仰，就会付诸以最真挚的情感来维护它，以最理性的智慧寻找和建立它存在的合理性依据，并千方百计地进行理论明证，证明它存在的客观真理性。教师要做到有学识、有品质、有德行、有信仰，才能使学生心向往之，才能做学生锤炼品格的引路人、学习知识的引路人、创新思维的引路人、奉献祖国的引路人。所以，课程思政中的专业课教师必须有政治信仰，才能成就课程思政铸魂育人的伟大使命。

专业课教师的政治信仰体现在胸怀共产主义远大理想层面上——课程思政中的专业课教师要深切体会到共产主义社会的实质，体会到人性自由全面解放与发展的科学性。人才培养需要教育，专业课教师胸怀理想，才能认识到专业课教育是培养某类人的成才教育，而思想政治教育是培养某种人的成人教育，只有将成人教育与成才教育合理融合，才能培养出全面发展的时代新人，才能成就人民美好生活愿景，才能成就共产主义远大理想。引导学生立德成人、立志成才，是当代教育工作者的根本任务和神圣使命，也是受教育者提升满意度与获得感的必由之路。

专业课教师的政治信仰还体现在坚定中国特色社会主义信念和中华民族伟大复兴的信心上——课程思政中的专业课教师在专业课讲授中，必须正确理解中国特色社会主义承载了中国共产党人百年的探索历程，创造了新时代中国特色社会主义的巨大成就。百年来，党和人民经历了艰苦奋斗，书写了中华民族几千年历史中最为壮丽的篇章。中国取得的伟大成就证明了中国特色社会主义道路选择的正确性,并在实现现代化强国目标中体现了中国共产党人民至上的价值观。专业课教师在思想上必须认识到,中国选择社会主义道路是必然的和正确的,只有社会主义才能引领人民实现共同富裕的美好生活。坚定对中国特色社会主义的信念和实现民族复兴中国梦的信心,才能真正认同中国共产党的领导是中国特色社会主义制度的最大优势和根本所在。"专业课教师只有增强了中国特色社会主义信念和中华民族伟大复兴的信心,才能在讲授专业课程中传递精神动力,对学生进行正确价值观引领,进行理想信念教育,才能真正实现课程思政的初衷与本心。"①

总而言之,政治信仰是课程思政中专业课教师最高的政治素养,它统摄着专业课教师课程思政的意识自觉,引领着专业课教师课程思政的行为自觉。

3. 将思政工作贯穿育人全过程的需要

思想政治工作是党和国家一切工作的生命线,因此高校应将思想政治工作渗透到育人全过程中。全过程育人的实质在于将思想政治教育潜移默化地渗透到教育教学全过程之中,教育教学全过程就是高校在立德树人过程中围绕育人这一中心任务,坚持知识逻辑与价值逻辑并驾齐驱,在遵循教育教学规律和学生成长成才规律的基础上,充分发挥课堂教学和其他教育实践活动的育人功能,从而保证思政工作在时间上的不间断性和过程上的可持续性。

将思政工作贯穿到教育教学全过程,需要解决好如何衔接的问题。思想政治工作和教育教学虽然都具有育人功能,而且都致力于为国家培养输送建设者和接班人,但是两者毕竟在运行逻辑和管理方式上不尽相同。就思想政治工作而言,它的任务在于将社会价值理念转化为个体的思想观念和行为准则,对于社会价值秩序的再生产产生维护和推动作用,是一种"规范性逻辑";就高校教育教学而言,它在落实教书育人、科研育人等要求的基础上还有一定的自主空间,具有明显的专门性,主要遵循"知识性逻辑",所以,将思政工作贯穿教育教学全过程,就必须解决好"规范性逻辑"与"知识性逻辑"的关系问题,即如何勘探不同学科蕴含的思政元素,怎样实现两者有机衔接的问题。

教育教学过程包括教师教和学生学两个部分,它不是单向度的传授过程,而是双向度的互动过程。在对新时代大学生进行价值观教育的过程中,专业课教师通过有目的、有计划、有组织的师生活动,使学生自觉地学习和运用专业基础知识与基本技能,在此基础上引导他们形成符合社会发展要求的价值观和道德品质。课程思政建设强调育人的连续性和

---

① 王淑荣,董翠翠."课程思政"中专业课教师政治素养的四重维度[J].河南师范大学学报(哲学社会科学版),2022,49(02):137.

不间断性，具体而言，从大学生入学到离开校园这段时期，专业课教师就要牢记立德树人的初心和使命，结合所授课程的性质对大学生给予价值观引导，思政工作是连续的、不间断的。

总而言之，高校应充分发挥专业课的育人功效，将课程思政融入育人全过程，我国高校能否有效地将思政工作贯穿育人全过程，是决定立德树人成效的关键所在。

（二）课程思政是提升思政课教育效果的需要

教育效果一直是课程教学的永恒主题，思想政治理论课是对大学生进行价值观教育的主导性渠道。但是，目前的思想政治理论课教育理念有待更新、教育方法有待完善、教育实践有待增强，这些问题在一定程度上弱化了思想政治理论课的教育效果。高校课程思政的提出能够有效弥补当前思想政治理论课的不足，与其一道形成具备正确价值领航功能的课程体系，进而提升大学生价值观教育的整体效应。

1. 更新教育理念的需要

教育理念是教师在长期教育实践活动中，经过亲身体验和理性思考形成的关于教育本质、规律及其价值的根本性判断和观点。教育理念有别于教育观念，前者属于"价值"范畴，强调个体的体验和思考，后者属于"事实"范畴；教育理念有别于教育思想，前者是后者的形成基础，是对后者的高度概括；教育理念不同于教育信念，所有的教育理念都可以被称为教育信念，但并不是所有的教育信念都可以被称为教育理念，比如，一些盲目接受和顺从的教育信念就不能称得上是教育理念，因为这种教育信念没有经过体验和思考。

教师是人类最古老的职业之一，他受社会的委托对学生进行专门教育。向学生传递人类传承下来的科学文化知识和进行思想品德教育是每一位教师的神圣使命。从社会视角来看，教师是人类科学文化知识的继承者和传递者；从学生视角来看，教师是学生智力的开发者和个性的塑造者。课堂教学是大学生接受价值观教育的主渠道，一直以来，我国高校的大学生价值观教育工作仅由思想政治理论课教师来完成，出于增强价值观教育效果的目的，思想政治理论课教师做出了很多努力和尝试，但是产生的效果仍不尽如人意。高校的育人工作是一项工程，专业课教师要加入育人队伍中来，充分发挥自身的育人作用，只有与思想政治理论课教师协调发展、通力合作，才能实现育人效果的最优化。

2. 完善教育方法的需要

方法是人们为了认识世界和改造世界，达到一定目的所采取的活动方式、程序和手段的总和。教育方法就是教育者为达到一定的目的，在教育教学活动中所采取的各种方式和手段的总和。它虽然不是教育教学活动的实体要素,却离不开教育教学活动,总是要与教育教学活动联系在一起,如果离开了教育教学实践活动,教育方法就丧失了存在的基础和价值。教育方法是人们在长期教育教学活动中形成的关于教育教学活动的准则,其本质是人们对教育教学规律的科学把握和自觉运用。

首先,作为教育教学活动的准则,教育方法是教育教学活动的中介因素。教育目的的实现离不开方法的运用,教育方法是在教育教学活动中将教育者与受教育者联系起来的桥梁,是教育目的实现的手段和工具。

其次,教育方法是为教育目的和教育任务服务的。在教育教学活动中,运用何种教育方法,是由教育目的和教育任务决定的,教育方法随教育目的和教育任务的变换而发生改变。

最后,教育方法与教育理论不可分割。无论是教育实践经验上升为理论,还是教育理论指导、运用于教育实践,都离不开一定的教育方法。

一般情况下,思想政治理论课的教育方法以直接灌输为主,不仅直接地对大学生进行思想政治教育,而且公开、透明地对大学生进行价值观引导。归根结底,思想政治理论课的理论性特点决定了其必须采取直接灌输的教育方法。抽象的理论只有通过思想政治理论课教师深入浅出的讲解,才能够让学生在应有的层次上准确地理解和运用。直接灌输法就是思想政治理论课教师公开表明知识教育和价值观教育的目的,运用简练、准确的语言引导大学生开展思维活动,从而实现教育目的的教育方法。这种教育方法的最大特点就是信息量大、教学效率高、适用范围广,但直接灌输法公开暴露教育目的会使大学生产生一定的排斥心理,不易于大学生欣然地接受教育内容,这是直接灌输法最大的局限所在——直接灌输法在一定程度上会使思想政治理论课的思想政治教育陷入孤岛化和边缘化。

我国高校课程思政建设要求专业课教师潜移默化地将价值观引导寓于所授课程中,实现价值观教育与知识传授和能力培养有机结合,这可以看作一种间接的教育方法。这种间接教育方法的最大特点是内隐性,将价值观教育藏在知识传授和能力培养背后,使学生在学习知识的同时无形地受到价值观的熏陶和洗礼,能有效地弥补思想政治理论课直接灌输法的不足。

3. 增强教育实践的需要

人类之所以能够存在和发展,根本原因在于实践,实践也是人类实现自我教育的基本途径之一。大学生是我国宝贵的人才资源,教育实践是使新时代大学生"成才"与"成人"的必经之路。教育实践能够促进大学生对所学专业知识的理解,意识到学习知识的目的在于服务社会,进而增强自身的社会责任感。教育实践是对课堂教育的有益补充和延伸，是高等教育必不可少的一部分。作为课堂专业理论教育的进一步延伸和素质教育的重要载体，大学生教学实践活动对于提升大学生的思想道德素质和科学文化素质具有重要作用。所以，实践育人应成为高校育人工作的新形式。

思想政治理论课是大学生思想政治教育的主渠道，理论教育是其重要特点之一。理论教育就是思想政治理论课教师在思想政治理论课中有计划、有目的地对大学生进行思想理论教育，引导大学生逐步树立正确的世界观、人生观、价值观。思想政治理论课教师在对大学生进行理论教育时，必须与实际联系起来。理论能否发挥出自身应有的作用，关键要看其是否与人们的社会生活实际与思想实际相联系。既要与社会生活实际相联系，还要与大学生的思想实际相联系，做到有的放矢。

在实际的教育教学过程中，虽然思想政治理论课教师做到了理论与实际相结合，以大学生的思想状况为依托，但是，由于思想政治理论课的授课对象为全校大学生，群体庞大，人数众多，很难对其开展丰富多彩的社会实践教学活动，教育实践不足，从而导致很多大学生对教师所传授的理论知识和价值观引导认识不深刻，教学的实效性不强。

课程思政改革恰好弥补了这一不足，我国高校课程思政建设不仅要求专业课教师积极挖掘各门各类课程的思想政治教育资源，还促进了相关管理部门对大学生思想政治教育工作的认识，比如，学工部、二级学院组织开展的参观红色旅游基地、支教活动、社会公益活动等，将大学生的价值观教育由课堂内搬到课堂外，使大学生在社会实践中加深了对所学理论的理解，与思想政治理论课的价值目标相辅相成，从而成为思想政治理论课的有力帮手。

（三）课程思政是推进自身与思政课同频共振的需要

课程在大学生思想政治教育中一直发挥着重要作用，很长一段时间以来，思想政治理论课承担着育人职责，但从产生的实际效果来看，仍存在一些不足。高校课程思政建设能够有效地弥补仅依靠思想政治理论课进行育人工作的不足，推进了自身与思想政治理论课在落实高校立德树人根本任务、促进知识传授与价值引领相结合、推动新时代大学生全面健康发展等方面的同频共振。

1. 落实高校立德树人根本任务的需要

道德之于个人乃至社会的发展具有重要意义，崇德修身是做人做事的首要原则。立德树人，德是首位，每个个体只有明大德、守公德、严私德，自身的才华才能用得其所。

在我国，高校承担着将我国从人口大国转化为人才强国的重任，为中国特色社会主义建设培养源源不断的人才是我国高校的主要目标，而这一目标能否顺利实现在很大程度上取决于立德树人工作的成效。立德树人是高校立身之本，与以往相比，当前我国高校的办学环境、教育对象发生了深刻的变化，既面临发展机遇，也面临严峻挑战。新时代背景下，多种思想、价值观念竞相迸发，各种社会思潮激烈交锋，这一社会现象在很大程度上对新时代大学生的思想与行为产生了影响。易变性和可塑性是新时代大学生思想呈现的两大特点，他们不仅在校内接受意识形态和社会主流价值观的教育，还易受到一些非主流社会舆论和其他价值观念的熏陶，所以，高校的立德树人工作面临严峻挑战。

长期以来，由于学科的定位和课程的特点，我国高校的思想政治理论课一直秉持着知识教育和德行教育相统一的理念，成为立德树人的关键课程。然而，经过时间的检验，这种模式已经显露出明显的不足之处。思想政治理论课需要其他课程的支持和补充，只有当其他各类课程与高校立德树人的根本任务和思想政治理论课实现同频共振时，才能提高立德树人的实效性。我国高校课程思政建设要求学科任课教师在课堂教学中摒弃仅仅传授知识和培养学生能力的观念，更加重要的是对学生的思想观念和价值观进行引导。高等教育是由各种学科组成的，各学科在基础上开设相关专业和课程，因此，课程思政建设应该为各学科发展和各专业培养目标服务。同时，虽然各学科并不像思想政治理论课那样明显具有政治倾向，但它们内在地蕴含着一种塑造价值观和培育精神的功能。课程思政建设可以促进专业课教师发挥各自学科的这种功能，与思想政治理论课共同努力，共同推动实施立德树人的根本任务。

2. 促进知识传授与价值引领相结合的需要

对我国高校课程思政建设而言，教师是主力军，除了思想政治理论课教师之外的专业课教师也要将对大学生进行知识传授和价值引领作为自身的必要职责和崇高使命，将塑造又红又专、德才兼备的健全人才作为职业导向，从而促进知识传授与价值引领同步驱动。

新时代的人才不仅需要具有过硬的知识和能力素养，更需要具备正确的价值观。我国高校课程思政建设要求其他各门各类课程将价值观引导融入知识传授和能力培养之中，切切实实地实现了知识传授与价值引领相结合的现实需求。课程思政改革旨在利用课程这一载体进行育人，从而达到专业知识教育与价值观教育的内在统一。课程思政这一教育理念的提出丰富了大学生思想政治教育的内涵和外延，教师是否有效地组织和实施教育教学实践，直接关系到课程建设与改革的成败。

3. 推动新时代大学生全面健康发展的需要

新时代的大学生面临着新的时代使命，即为全面建设社会主义现代化强国助力青春力量——大学生的全面健康发展是实现这一时代使命的基础和条件。全面健康发展的内容是多维立体的，包括才能、志趣及道德品质等多方面的发展，而这一目标的实现需要专业课教师来发挥纽带作用。专业课教师这一纽带作用的发挥又离不开自身所授的课程。一直以来，我国高校专业课教学存在一种现象，即"知"与"德"相分离。专业课教师在课堂中只是向大学生传授了专业知识，而没有让大学生掌握知识背后所蕴含的价值，从而弱化了思想政治理论课的育人效果。"知"的目的在于促进"德"的认识，为"德"的养成服务，因为"德"是真知。"德"的内涵是丰富而深刻的，将"德"理解为品行和道德是远远不够的，我国高校课程思政建设就是要使专业课教师摒弃这种错误认识，从更广阔的领域认识"德"。

对"知"与"德"的辩证关系而言，这里的"德"不只具有"公德"与"私德"的向度，还深刻地体现一种"大德"的向度，即对自然发展规律和人类社会发展规律的认知和领悟。一切人文学科和自然学科的最终归宿都是认识人类社会的规律以及自然界发展的规律，而认识自然界发展的规律实际上也是为了更深刻地认知人类社会的发展规律，比如，历史哲学的产生是由进化论所催生的，为社会服务是一切人类知识有益成果的最终归宿。所以，出于推动新时代大学生全面健康发展的目的，我国高校课程思政建设要求每位专业课教师意识到通过课程向大学生传授专业知识的目的，深刻掌握"人才培养辩证法"的价值旨归，坚持知识逻辑与价值逻辑并驾齐驱，厘清"德"与"知"的辩证关系，围绕育人这一中心任务，使各门各类课程与思想政治理论课同频共振，在遵循教育教学规律和学生成长成才规律的基础上，打破思政教育与专业教育"两张皮"的壁垒，与思想政治理论课共同成为推动新时代大学生全面健康发展的有力抓手。

第四节 新文科视域下课程思政建设的主旨

在新文科视域下，课程思政建设的主旨是培养学生的综合素养，促进他们全面发展和健康成长。传统意义上，课程思政主要强调对学生的政治教育和价值观塑造。然而，在新文科视域下，课程思政更加注重拓宽教育目标和方法，关注学生的认知、情感和行为等多个层面。

首先，新文科视域下的课程思政强调跨学科的整合。在传统文科课程中，学科间的界限明确，学生的学习内容相对独立。而在新文科视域下，课程思政将政治思想与其他学科相结合，通过跨学科的整合，让学生在学习中了解政治与其他领域的关联，培养学生的综合素养和综合思考能力。例如，在历史课程中，可以融入政治思想的演变过程，使学生能够理解历史与政治之间的相互影响。这样的整合有助于学生形成全面的视野和思维方式，提升他们的学术能力和社会责任感。

其次，新文科视域下的课程思政注重培养学生的批判思维和创新能力。通过引导学生参与讨论、开展研究项目等活动，培养他们的分析问题、解决问题的能力。同时，课程思政也注重培养学生的创新能力，激发他们的创造力和创业精神。通过创新性的教学方法和项目实践，学生可以更好地应对未来的挑战和变化。

再次，新文科视域下的课程思政强调个体发展和人文关怀。在传统政治课程中，注重的是国家和社会层面的政治观念和价值观。然而，新文科视域下的课程思政关注个体的成长和发展，关注每个学生的需求和情感。通过关注学生的情感和人文关怀，课程思政可以培养学生的自我认同、情绪管理和人际关系等能力。通过引导学生关注社会问题和公共事务，培养他们的社会责任感和公民意识。这样的关怀有助于学生全面发展，提高他们的生活素质和幸福感。

最后，新文科视域下的课程思政倡导多元文化和全球视野。随着全球化的发展，不同文化之间的交流和融合越来越重要。在新文科视域下，课程思政应该培养学生的多元文化意识和跨文化交流能力。通过引入不同文化背景的文学、艺术和哲学等内容，学生可以更好地理解和尊重不同的文化观念和价值观。同时，课程思政也应该引导学生关注全球性的问题，如环境保护、全球治理等，培养他们的全球视野和国际合作能力。

通过跨学科的整合、培养学生的批判思维和创新能力、强调个体发展和人文关怀，以及倡导多元文化和全球视野，课程思政可以更好地满足学生的需求，培养他们成为具有综合素养和国际竞争力的社会人才。

第二章 课程思政与思政课程的协同理论

第一节 课程思政教育理念的形成

一、从政治与思想教育到思政工作

思政教育是指在教育过程中注重培养学生的政治觉悟和思想道德素质，以塑造他们成为具有良好思想品德及忠诚于党和社会主义事业的合格公民为目标的教育理念和实践活动，它的形成可以追溯到政治与思想教育的发展历程。

在过去的教育实践中，政治与思想教育主要侧重于培养学生的政治意识、思想品质和道德观念，以确保他们在价值观和行为准则上与社会主义核心价值体系保持一致。通过政治与思想教育，学生被教育成为具有正确政治立场、坚定的信仰和高尚道德情操的公民。

然而，随着社会的发展和教育改革的深入，教育工作者逐渐意识到单纯进行政治与思想教育已经无法满足当代学生全面发展的需求。学生的成长需要更多元化的教育内容和方法，需要培养综合素质和创新能力。于是，在这样的背景下，思政工作的概念逐渐被提出和形成。

思政工作强调不仅要注重政治与思想教育，还要将其融入学校的日常管理和教学活动中，成为一种全员参与、全程贯穿的工作方式。它强调将政治与思想教育贯穿于各个学科和课程中，将党的基本理论与各类知识相结合，使学生在接受学科知识的同时，也能够加强对社会主义核心价值观的理解和认同。

思政工作还注重培养学生的创新精神、实践能力和社会责任感。它鼓励学生主动参与社会实践和公益活动，培养学生的社会意识和社会责任感，促进学生的自我发展和社会发展的良性互动。

此外，思政工作还倡导教育教学的科学化、人性化和个性化。它关注学生的个体差异和特长，注重激发学生的学习兴趣和创造力，提倡以学生为中心的教学方法和个性化的教育评价体系。

总而言之，课程思政教育理念的形成是基于对传统政治与思想教育模式的反思和教育改革的需要。思政工作强调政治与思想教育的全员参与和全程贯穿，将其融入学校的日常管理和教学活动中，以培养具有全面发展和创新能力的社会主义合格公民为目标。

二、从思政工作到德育、学科德育

思政工作的形成为进一步推动教育体制改革和教育内容的更新提供了契机。过去，德育一直被认为是教育的重要任务之一，强调培养学生的品德和道德修养。然而，传统的德育方式往往注重纯粹的道德灌输，缺乏与学科教育的有机结合。这导致学生对德育教育的兴趣不高，无法真正理解和接受德育的价值。

在这样的背景下，思政工作的理念逐渐演变为德育、学科德育的理念。德育与学科德育的核心理念是将德育与学科教育有机结合，将思想道德教育融入学科教学中，使学生在学习的过程中获得道德素养的培养。这种方式不仅能够提高学生的学科素养，还能够促进学生的思想道德素质的发展。

思政工作的实施需要教育机构在教育体制和教育内容方面进行改革。

首先，教育机构应调整教育体制，将思政工作纳入学校的教育目标和管理体系中。建立起完善的思政工作机构，明确思政工作的职责和任务，确保其在教育中的地位和作用得到充分重视。

其次，教育内容的更新也是思政工作的重要内容之一。学校应重新审视课程设置和教学内容，将思想道德教育贯穿于各门学科之中。通过设计符合学科特点的思政教育内容和教学方法，使学生在学科学习中接受思想道德教育的熏陶。这不仅可以增强学生对学科知识的理解和掌握，还能够培养学生的创新思维和批判精神。

思政工作的实施还需要教师的积极参与和专业支持。教师应具备德育和学科教育的知识和技能，能够将思想道德教育有机融入学科教学中。他们应成为学生道德修养的引导者和榜样，通过言传身教的方式影响学生的成长和发展。

同时，学生和家长的理解和支持也是思政工作成功实施的关键。学生需要认识到思政工作对他们全面发展的重要性，主动参与到思政活动中。家长应积极关注和支持学校的思政工作，与学校共同培养学生的思想道德素质。

总之，德育与学科德育的理念使德育教育与学科教育有机结合，促进学生综合素质的全面发展。通过教育体制的改革、教育内容的更新以及教师、学生和家长的共同努力，思政工作能够取得更好的效果，为培养德智体美劳全面发展的社会主义建设者和接班人做出积极贡献。

三、从学科德育到课程思政

学科德育的实践为进一步探索和发展课程思政教育提供了基础。学科德育的核心是将思政教育与各门学科有机结合，通过课程内容的设计和教学方法的选择，将思想政治教育的内容融入各门学科的教学过程中，以实现课程思政的目标。

课程思政教育强调将思政内容融入学科课程中，通过学科的学习和教学，培养学生的思想道德品质和创新能力。课程思政教育的实施需要教育工作者具备较高的学科素养和思政教育能力，能够将思政教育的核心价值观和原则融入课程设计和教学实践中。

课程思政教育的实施不仅要求学生在学科学习中获得知识技能，更要关注他们的思想品德和道德素养的培养。通过课程思政教育，学生能够在学科学习的同时，培养正确的价值观和道德品质，提高社会责任感和创新能力。课程思政教育的核心是让学生明确自己的价值追求，培养正确的世界观、人生观和价值观，同时具备创新思维和批判思维的能力。

综上所述，课程思政教育理念的形成经历了从政治与思想教育到思政工作，再到德育、学科德育，最终发展到课程思政的过程。这一发展过程旨在将思政教育融入学科学习中，使学生在学科学习的过程中得到全面发展，培养具有高度思想道德素质和创新能力的人才。课程思政教育的实施需要教育工作者的共同努力，同时也需要教育体制的支持和改革，以促进学生的全面成长和社会进步。

第二节 思政课程的理念及其特性

一、思政课程教学的基本理念

（一）突出思想性，统筹知识、能力与觉悟的发展理念

突出思想性，统筹知识、能力与觉悟的发展理念要求思政课程教学根据其本质特点和学生的思想品德形成发展规律正确处理掌握知识、发展能力和提高思想觉悟的关系，把思想信念、价值观和思想方法教育放在突出地位，并围绕思想教育这个中心，统筹知识、能力与觉悟的协调发展。

思政课程的性质和教学本质决定了其教学必须用思想观点和思想方法去进行学习，指

导生活和实践，并在学和用的过程中形成科学信仰，学出自己的思想观点和思想方法来，使学生实现由学习者到思考者再到信仰者和创造者的转变，它含有以下三层含义。

第一，思政课程教学要以追求思想观点和思想方法为崇高境界和最有价值的内容，以马克思主义的基本观点和方法之学统领其知识之学、能力之学、生活之学，做到学人文社会科学知识学到人文精神和科学理念，学做人学到做人的道理，学做事学到做事的路数，努力把马克思主义的基本观点和方法学精学透，逐步形成对马克思主义的基本观点和方法的信仰。

第二，思政课程教学要引导学生尽可能地把所学到的马克思主义基本观点和方法运用到新的一轮学习中去，用到生活和实践中去，开展深入的、经常性的独立思考，用这些思想观点和思想方法去评判所学、反思所学、融会所学，用这些思想观点和思想方法去观察人生和社会现象，分析、解决生活实践中所遇到的现实问题，努力把马克思主义的观点和方法用好用活，并在应用过程中深化马克思主义基本观点和方法的价值认识，逐步加深其信仰。

第三，思政课程教学要努力使学生在学习和应用中形成为我所有的观点与方法，让学生的头脑不断生成新颖独特的思路、观念、想法和做事的点子。这是知识经济和市场经济，也是现代德育对思政课程的根本要求。这个时代是创新的时代，人的价值是以他对社会的独特贡献为根本尺度的，人的所有素质，无论是习得的情感、思想、知识、经验、技能，还是获得的遗传、本能、体质、体能、习惯等，只能构成人的潜在价值，将这种潜在价值"变现"的唯一途径就是劳动和创造。因此，思政课程教学不仅要使学生学精学透、用好用活马克思主义的观点和方法，而且要对学生思想和方法的生成发挥好启发、促进作用，努力使学生有所创新，学出自己的见解、思想和方法来。

学生的素质发展就其内涵而言，指的是知识、技能、过程、方法与情感、态度、价值观三维目标的整合。在思政课程教学的三大基本任务或目标中，提高思想觉悟应当处于中心地位，"掌握知识、发展能力"必须紧紧围绕这个中心任务展开，并为这一中心任务服务。但是突出思想性并不排斥也不能离开掌握知识和发展能力。

从知识、能力与觉悟的关系看，一方面，品德实践能力与个体的品德体验、品德意志和品德信念有很高的相关性，思想觉悟的提高可以为知识掌握和能力发展提供精神动力与价值标准；另一方面，觉悟的提高又离不开掌握知识和发展能力。思想政治学科知识包含着思想因素，蕴含着社会主义的意识形态和社会控制原则。因此，掌握知识是提高思想觉悟的基础。

同时，社会生活的感性特点，我国转型时期社会生活的复杂性、流变性，现代社会的价值观的多元性，以及学生认识能力的局限性，也决定了学生思想品德的形成发展离不开理性知识的启迪和认识能力的发展。但是思政课程教学仅使学生掌握了马克思主义基本原理及观察、分析和解决问题的方法，并不等于形成了思想品德。因为思想品德并不是一般的道德认知，而是一种思想信念和品德行为，它必须是内在化了的、情意化了的认知和自觉性的品德行为。要将学生获得的思想政治学科知识、能力和社会行为规范转化为其信念和品德行为，必须同时使其获得相应的生活实践经验和情感体验。同样，掌握知识需要认知能力做支撑；同时知识之中也含有能力发展的价值，如感知价值、思维价值、分析价值、综合价值、推理价值等，这些价值直接满足了能力发展的需要，因此培养学生的公民能力，必须以掌握一定的马克思主义基本原理及其有关社会科学知识为基础。但掌握知识和发展能力不是自然统一的，而是有条件的统一。

要使知识中含有的丰富能力因素转化为学生的公民能力素质，必须把知识看作一个过程，突出思政课程教育教学的体验性、探究性和实践性，使学生参与获得知识和价值的过程。

因此，根据思政课程教学过程中的掌握知识、发展能力和提高思想觉悟的规律性内在关系，要有效地培育学生的思想素质和能力素质，就必须突出过程性、体验性、探究性和实践性，并在过程中统筹知识、能力与觉悟素质的协调发展。

（二）加强情理互动，谋求逻辑与情感的有机结合理念

加强情理互动，谋求逻辑与情感的有机结合理念是一个最具思政课程特色的教学原则和思想方法，它要求思政课程依据其宝贵的教学经验"动之以情，晓之以理"及其教学过程的理性因素与非理性因素互补规律、思想品德教育的知情意行相互促进与转化规律、现代社会对公民完整人格的要求和人脑左右半球功能分工合作的工作原理，正确处理好教学中的理性因素与非理性因素、理与情的关系，把理性的启迪与非理性因素的影响，逻辑的论证与情感的体验、感化有机结合起来。既满足学生的认知需要，注重学生逻辑思维能力的发展，运用逻辑的力量，使学生明理，又满足学生的情感需要，重视体验的生成，情感的激发、感化与陶冶，运用非逻辑的直觉、灵感、顿悟、情感体验以及非智力因素特别是情感对认识活动的启动、定向、维持、调节、感染、内化和强化功能，来提高认识效率，达成义情沟通，实现理论观点和行为规范的价值认同与知行转化，提高学生的思想觉悟。

教学必须蕴含思想道德学习和人文社会科学常识学习的心理机制和方式，融合逻辑与情感。思政课程是德智兼容的学科，其基本内容是人文社会科学知识，这种知识并不完全等同于科学知识，它是价值之知，体现为一定的关系性、情境性和情感性，同时它还包含

着大量只可意会、不可言传的"缄默知识",它的把握不能靠学习事实性知识所采用的一系列认知操作方式来实现,它必须做到,既晓之以理、以理服人,又动之以情、以情感人。其教学应从引趣、激情入手,在启发学生自觉能动性的基础上,根据教材知识体系和学生认识活动的内在逻辑顺序组织教学活动,做到每讲一个知识既是前面知识的必然发展,又为学习后面的知识服务。

1. 感受与体验

感受是个体对经历的过程、活动的对象及其关系在情感态度等方面的反应与评价,体验则是在感受的基础上发生的意义建构与价值生成。感受与体验主要发生在生活、实践和活动课程领域,在学习者与学习对象交互作用、相互对话的过程中形成,其学习目标是一个自我生成的过程,它偏重非理性思维方式和思想道德情意结构的建构。由感受与体验建构起来的情意结构是经验性、直觉性、个体性,已经初步具备了指导自我行为的品性,它往往作为一种潜在的价值观指导着个体的行动。

2. 冲突与选择

当今社会是多元文化和多元价值观的社会,对同一问题往往会有不同的道德解释和道德选择。这不可避免地给学生的思想道德观念以深刻的影响。如果这种影响与思政课程的明示和要求相一致,且和学生个体的感受与体验相符,则会产生无意性的接受和非反思性的选择。如果思政课程的宣传与社会生活中的各种道德暗示以及学生个体的感受体验之间发生矛盾和冲突,就会引起学生的警觉,引发学生个体的思想斗争和道德危机,并伴随复杂的情感冲突和心理挣扎,迫使其做出自己的判断和选择。学生的判断和选择主要根据自己的感受与体验及其所生成的德行结构进行。然而学生个体的感受和体验是有局限的,因此,面对复杂的生活和相互竞争的各种道德价值观念,鉴于高职学生心理发展水平和特点,思政课程既要启发学生独立思考,积极讨论,又要给予必要的方向指引、价值引导,教会学生做出正确的自主选择。

二、思政课程教学理念的特性

(一) 反映教学的特点与规律

思政课程教学过程有着自己的学科特点和教学规律,其教学理念只有准确反映其教学过程的特点和教学规律,才能有效地指导思政课程教学。思政课程教学过程是思想政治教师依据学生的社会科学认知规律和思想品德形成发展规律,通过思政课程教材和师生、生生间交往活动，有目的、有计划、有组织地向学生传授马克思主义基本观点和相关社会科学知识，引导学生运用马克思主义的基本立场、观点和方法观察、分析、解决问题，实现学生的自我建构，提高学生的认识与生活实践能力，培养学生的社会主义思想品德，逐步树立科学世界观和人生观的过程。这个过程与一般教学过程既有共同点又有不同点，它是一个以马克思主义基本观点为核心的社会科学知识教学与思想品德教育、社会知识认知与价值认同、认识与实践相统一的过程；是一个既受人类一般认识规律和一般教学规律制约，又受学生思想品德形成发展规律和思想品德教育规律制约的过程。

思政课程教学过程中存在的规律包括：①受多种社会因素影响并服务于中国特色社会主义政治、经济、文化建设的社会制约性规律；②影响思政课程教学过程诸因素的辩证统一规律；③思政课程教学发展的阶段性与连续性、反复性与上升性辩证统一规律；④外在教育和影响受制于学生主体原有身心和思想品德状况并通过其内部矛盾而起作用的规律；⑤思想政治道德接受与活动体验、内化与建构相互影响、相互渗透，共存于统一的教育活动之中的规律；⑥在书本知识学习和社会实践（包括真实的和模拟的）相统一的活动中培养学生思想政治道德素质的规律；⑦理性启迪与人格直觉相统一的规律；⑧促进学生思想品德知、情、意、行诸要素相互渗透、相互转化、协调发展的智力因素与非智力因素互补的规律；⑨从生动的直观到抽象思维、从感性认识到理性认识，再由抽象上升为具体、由认识回到实践的思政课程教学过程与促进学生思想品德知、情、意、行矛盾运动转化过程相统一的规律。

（二）处理教学过程的矛盾关系

思政课程的教学理念，就其实质而言，它是人们依据思政课程的教育目的、教学规律及其教育实践经验而确立的，正确处理其教学过程基本矛盾关系的指导原则和思想方法。

思政课程教学是一个极其复杂而精细的活动过程。在这个过程中，会遇到各种各样的复杂矛盾关系，如师生关系、教与学的关系、间接经验与直接经验的关系、智力因素与非智力因素的关系、内化与建构的关系、过程与结果的关系、掌握知识与发展能力和提高觉悟的关系等，处理这些矛盾的指导原则和思想方法不同，其教育教学效果也不同。能否正确处理好这些矛盾中的基本矛盾关系，直接关系到思政课程教学的成败。因此，课程教学理念必须反映其教学过程中客观存在的基本矛盾关系，并有助于指导人们正确处理其教学过程中的基本矛盾关系。

思政课程教学过程中客观存在的基本矛盾关系，隐含于其教学活动过程的主客体关系之中，需要从中去寻找。本书着重探讨两对关系，因为这两对关系是本课程教育教学过程中最重要最基本的矛盾关系，其他一切关系都是由它们派生的，只要理解和把握了这两对关系，就可以为其他一切矛盾关系的处理奠定基础。

1. 作为主体学生与客体思政课程内容之间的关系

思政课程是以马克思主义基本观点教育为核心价值的社会主义公民思想品德素质和社会科学文化素质教育课。其内容来源于世界无产阶级和我国革命与社会主义建设的经验，对象直指社会生活实践中的人与人、人与社会的关系、本质和规律，其表述多以抽象的概念和原理形式出现，与学生真实的具体生活实践情境有一定距离，具有抽象性、辩证性特点。而当代青年学生思维和道德情感的发展又处于过渡阶段，即由经验型抽象逻辑思维向理论型抽象逻辑思维发展过渡，由形象性道德情感向伦理性道德情感发展过渡。中学生的思维和情感活动还不能完全离开感性经验和具体形象事物的支持。

思政课程教学不仅要解决学生对社会科学知识的知与不知的矛盾，而且要解决信与不信、用与不用、行与不行的矛盾，即明理问题，思想观点和价值规范的认同与信仰问题，以及认识的践行问题。思政课程的认识过程不仅矛盾复杂，所要解决的问题多、难度大，而且其认识对象也比其他学科复杂，解决矛盾制约因素多。其认识对象直指人与社会的本质及其相互关系和运行规律。社会是由人组成的，人具有能动性，它会反作用于学生，使主客体之间构成一种双向的互动学习关系。这就决定了思政课程教学过程不仅要受学生主体内部的经验、态度、情感等因素的影响，而且要受其认识对象即外在社会的多种因素的制约。

可见，当代青年学生和思政课程内容的特点及其相互之间的复杂矛盾关系，决定了思政课程教学过程具有社会性、认知性、情意性和实践性。因而，从其性质上来说，它是一种受多种社会环境因素影响的、集认知活动与情意活动、内隐的理性观念活动与外显的感性体验活动、内化与建构、事实判断论证与价值判断论证、认识与实践为一体的社会学习和思想品德素质发展活动。

人对世界进行把握的基本方式有两种：一种是科学的方式，另一种是审美的方式。科学的方式主要是一种以实证为基础的逻辑认知方式，侧重于对事实世界的理性把握；审美的方式主要是一种以体验为基础的直觉感悟方式，侧重于对价值情感世界的感性把握。思政课程引导学生对社会和人进行把握，其内容既涉及事实世界，又涉及情感价值世界，只有在社会实践的基础上将两种把握世界的基本方式有机结合起来，才能达成学生对现实世界真理性的完整把握，才有利于学生公民素质的全面发展。

因此，思政课程教学要达成学生对社会主义核心价值观与行为规范的真理性理解掌握、内化认同、外化践行，实现学生的主体化和社会化，使学生的社会生活能力和人格素质获得发展，就必须将其教学活动置于特定情境中的教育交往活动和社会实践基础之上，并在此基础上运用逻辑——认知方法获得、论证其中的事实性知识（关于社会思想政治和道德法律现象是什么、为什么、怎么样等方面的概念、原理），掌握其逻辑过程，从中发展各种逻辑认识能力；又运用情感——体验型的方法来体验、领悟、获得关于这些概念、原理的评价性、人事性知识经验，并验证其价值，养成相应的行为习惯，发展各种非逻辑的认识能力。

2. 作为思政课程教学过程中的另一重要的矛盾关系

师生关系对思政课程教学和学生的发展具有极其重要的影响。从现代教育哲学角度看，教学活动中的人，既是客体又是主体。这就产生了作为主体的人与作为客体的人之间的主客体关系，又产生了作为主体的人之间的主体间的关系。教师与学生就是在上述两种关系中扮演不同的角色。

一方面，教师以自身为施教主体，把学生作为施教对象，依据学生的认知规律和思想品德形成发展规律，组织学生的认识活动，引导认识方向，传授知识、价值观和认识方法，启发学生的认识，陶冶学生的情感，培养学生的社会科学文化知识素质和能力，提高学生的觉悟，形成和发展学生的主体性，实现塑造学生之目的。

另一方面，学生则以自身为学习主体，把教师看作他获取知识和价值观点的对象，并以自身的学习活动能动地选择和接受教师施加的教育影响，发展自身的素质和个性，影响和制约教师的教；同时双方根据不同教学阶段的教学任务，通过变换教学活动形式，变换师生的主客体角色地位。在主体间的关系中，师生之间是一种互动互惠性的交往合作关系，双方依据共同的教学目标，互相交往，传递信息，沟通思想，交流情感，协调方法，为实现共同的教学目标而合作。

人要实现自己的本能，要生存和发展，就必须把自己融入一定的关系世界之中，借助关系世界的作用力量使自己逐步趋于自我完善。在关系世界中，人与人的关系最富有人性和理性，对人的发展最具有实质性的价值。而教育活动是最能体现人与人关系的社会活动，师生关系既是人与人关系在教育领域中的体现，更是教师和学生作为人而存在及发展的独特方式，具有无可比拟的教育力量。

在师生关系中既有创造，更有交往，两者相互促进，实现各自的人生。尤其是师生关系的展开和师生的交往过程，是学生获得人际体验技能和终身交往品质的重要源泉，也是学生建立价值系统的客观基础。因而，许多哲学家和教育学家都从"应该"这个角度对教学中的师生关系进行描绘和论述，认为它是一种对话、包容、共享的"我—你"关系，是相互平等、相互倾听、相互理解、彼此信任、彼此关怀和欣赏的伙伴关系。并认为教学应当以这种关系为取向，以使师生关系对学生的发展发挥最佳功能。但现实的师生关系并不取决于哲学家和教育学家的主观愿望，抽象的师生关系是不存在的，它是受到一定社会历史条件制约的。

从教育社会学的角度看，学校班级是社会的组成部分，师生关系必然受制于社会的性质。不同性质的社会，具有不同性质的师生关系，每个社会的师生人际关系都是现实社会人际关系的反映，具有现实社会人际关系的特性。因此，对我国思政课程教学中的师生关系的研究必须置于我国现实的社会关系之中进行探讨。师生关系不仅受到学生所处的现实家庭关系的影响，更受当下现实的社会关系的制约。从我国的社会性质和基本经济政治形态来看，师生关系应当是一种民主、平等、合作、和谐的主体关系。思政课程要实现自己的教育目标，不仅要构建这一关系，而且要把这一人际关系作为潜在课程，潜移默化地影响、熏染学生，并通过模拟化活动训练学生。

随着我国社会主义市场经济和民主政治的发展，以及学生主体意识的觉醒和增强，教育受制并反作用于社会的经济、政治和文化，我国教育必须为中国特色社会主义经济、政治、文化建设服务，思政课程的性质决定了其根本目的和任务是实现学生思想政治和道德品质的主体化和社会化，将学生培养成为适应和促进我国社会主义市场经济及民主政治发展的，具有民主意识、民主参与能力和民主习惯的现代合格公民，并产生社会主义的人际关系。

教育的独立性是相对的，试图在非社会化的思政课程教学中，培养出能适应现实社会生活和人际关系的"社会化"的人，是不可能的。可以肯定的是，在一个没有具有社会主义市场经济和民主政治社会人际关系特性的师生关系，没有公平竞争与民主参与机制和气氛熏陶的环境中，很难培养出与社会主义市场经济、民主政治和文明生活相适应的合格公民。

思政课程教学应当具有适度的超越功能，必须充分发挥主观能动性，突破不利条件的制约，依据我国经济社会发展的目标和趋势，构建新型师生关系，营造民主的教学文化氛围，使教学活动中的师生关系、同学关系具有社会主义市场经济和民主政治社会人际关系的特性，让学生通过参与模拟化的或真实的社会生活，在平等交往、民主参与、竞争合作、互尊互爱的师生、同学关系中体验现代社会的生活，领悟和验证教学内容，形成与现实社会发展趋势相适应的观念，发展自身的思想品德和现代公民素质，学会适应、参与社会生活，审视现实社会的问题和创造新的社会生活。

第三节　课程思政与思政课程的辩证关系

实现课程思政全员、全过程、全方位育人格局，不仅要坚守思想政治教育理论课的主渠道、主阵地地位不动摇，还要充分发挥其他各类课程的"一段渠"和"责任田"作用。思想政治教育在高校育人工作中具有不可替代性，但其作为一种课程体系，仍有需要提高的地方。课程思政作为在思政课程基础上提出的新理念，对加强与提高思政课程实效性具有十分重要的作用。

一、课程思政与思政课程的区别

（一）学科归属与内容要求不同

相对于思想政治理论课程来说，课程思政所涉及的学科较为广泛，内容也较为丰富，涉及自然科学、人文科学甚至社会科学三大领域。纵然思想政治理论课与其他各类学科课程存在内容上的交叉，但两者的学科归属是不同的。"我国高校的思想政治理论课属于德育范畴，主要是相对于智育和体育而言的，是培养德智体美全面发展的人才的需要，而且主要是培养学生思想政治道德素质的需要。"[1] 思想政治理论课归属于马克思主义学科范畴，学科的显性教育特点极为明显，属于显性思想教育。而课程思政的学科课程则更偏向于应用型的专业知识和专业技能的智育教育，对学生价值观的培育较思想政治教育来说则较为"隐蔽"，属于隐性思想教育，两者在学科归属上是有区别的。

此外，两者在教学内容要求上也有所不同。高校思想政治理论课的教学内容与要求是由中央统一规定的，且这一课程内容是不分专业、不分年级和班级，要求每位大学生都必修的，不论学生是否愿意或喜欢，都将接受思想政治理论课程内容的"熏陶"与"洗礼"，学习并掌握其思想内容，通过这一理论课程引导学生掌握社会主义核心价值体系内容，主动关心国家、社会热点时事。而其他各类学科的教学大纲、教材内容的安排，则或多或少地与各地经济发展状况、教育发展状况以及学校类型等因素相关联，教材选用和内容要求方面也存在一定差别，于是出现了同一门学科课程有多个教材版本。由此可知，相比思想政治理论课而言，课程思政所涉及的其他各类学科在教学大纲设计、教学内容安排

---

[1] 石书臣. 高校思政理论课与通识教育课程的关系探讨 [J]. 中国高等教育, 2011 (05): 22.

与教学要求上，较思想政治教育理论课而言相对具有灵活性，在选修课方面还能多方面满足学生需求，扩大学生的选择空间和范围，两者在教学内容的安排与要求上是相区别的。

（二）课程地位与功能不同

思想政治教育无论在我国的革命时期、改革开放时期还是现代化建设时期，都具有同样重要的地位和功能。"这种地位和功能，由思想政治教育的本质所决定，体现为思想政治教育在我们党和国家建设事业的各方面所发挥的具体而现实的作用。"[①]

课程思政与思政课程地位的不同主要体现在：思想政治教育理论课程作为高校实现立德树人根本要求的重要途径之一，在高校育人工作中处于主渠道、主阵地地位；课程思政所涉及的学科课程在高校教育中主要强调对学生的智力发展，注重对学生专业知识和专业技能的培养，在育人环节中处于"一段渠""责任田"地位。

课程思政与思政课程的功能不同主要体现在：思政课程教育教学的功能，主要是对马克思主义理论和中国共产党的创新理论的传播，在传授学生科学理论知识的同时，教育与引导学生坚定理想信念，引导学生树立正确的世界观、人生观和价值观，厚植学生的爱国情怀，培养心理健康、品德优良的社会主义接班人。思政课程教育教学的功能，主要体现的是立德与育人的特征要求。而课程思政的主要功能，则是通过系统的、专业的知识体系和专业技能的教育教学，培养学生成长成才，把爱国情、强国志、报国行等自觉融入坚持和发展中国特色社会主义事业、建设社会主义现代化强国、实现中华民族伟大复兴的奋斗职责中，其功能主要体现在树人与育才的特征要求。

在高校教育事业发展过程中，不仅要充分发挥思政课程的"主渠道、主阵地"、有效结合课程思政的"一段渠、责任田"作用，还要明确分清两者不同的教育教学功能，明确课程思政不是将所有课程都变成思想政治课，而是在教育教学实践环节中实现知识传授与价值引领相结合，实现教书与育人相统一。

二、课程思政与思政课程的联系

（一）育人方向上同向

所谓同向，是指课程思政与思政课程的育人方向一致，两者在教书与育人的过程中，所前进的道路方向与努力的目标方向是一致的。

---

① 郑永廷. 思想政治教育学原理 [M]. 北京：高等教育出版社，2016：114.

第一，课程思政与思政课程同向，指两者在指导方向上保持一致。自中华人民共和国成立以来，尽管我们处在不同的历史条件和时代背景下，党的领导人始终强调马克思主义在我国社会发展中的重要指导地位不动摇，要求立足于我国的实际国情，在社会发展进程中不断地发展马克思主义中国化、不断丰富马克思主义中国化理论成果。坚持马克思主义理论的指导思想，是建设课程思政与思政课程协同育人格局的基础。

除此以外，以课堂教学为主阵地的学校教育是我国培养人才最主要的形式与途径，其中，"思想政治理论课作为高校所有专业学生的公共必修课，是对大学生进行思想政治教育的主渠道，承担着树立高校马克思主义理论价值标杆的重要职责"[1]。其他课程则承担着不同的任务与目标，但也肩负有育人的职责和使命，因此，在教学实践过程中，我们既要注重知识的有效传达，也要注重对学生思想和价值观的教育，自觉以马克思主义的基本观点、立场和方法作为我们实施教学的基本准则。

第二，课程思政与思政课程同向，指在人才培育方向上保持一致。知识就是力量，人才就是未来。课程思政与思政课程在人才培育方向上保持一致，即以"立德树人"为基本原则，培养社会主义合格的建设者和接班人。课程思政与思政课程在育人方向的一致，关键在于解决"培养什么人"以及"为谁服务"的问题。

当今我国正处于中国特色社会主义新时代，在育人方向上要根据新时代的新思想和新要求，培养社会主义新人，服务于新时代中国特色社会主义建设。坚持育人方向一致，是为坚守新时代中国特色社会主义道路服务的，增强道路自信；是为增强理解和发展新时代中国特色社会主义理论服务的，增强理论自信；是为增强理解和发展中国特色社会主义制度服务的，增强制度自信；是为增强理解和发展中国特色社会主义文化服务的，增强文化自信。课程思政与思政课程在育人方向上的一致，在坚持了"立德树人"根本要求的基础上，实现"以文育人、以文化人"的全课程育人格局。

（二）育人道路上同行

所谓"同行"，是指课程思政与思政课程在"同向"的基础上合力培养中国特色社会主义的建设者和接班人、合力培育德智体美劳全面发展的新时代人才，在行动上保持一致。

第一，课程思政与思政课程同行，指两者在育人步调上保持一致，即课程思政在指导方向、育人方向和育人目标上与思政课程始终保持一致，坚持德智并举。在开展通识课程

---

[1] 燕连福，温海霞. 高校各类课程与思政课同向同行育人的问题及对策 [J]. 高校辅导员，2017（04）：13.

时，除了对专业知识的悉心教学外，还要充分利用通识教育课程中丰富的文化积淀，充分发挥其在大学生思政教育中的知识奠定和学科支撑作用。高校所有课程都具有对大学生进行思想教育和价值观教育的职责与功能，加强教师对学生的德育教育，目的是提高他们的思想道德素养、社会意识和形态意识；其他各类课程虽主要承担专业知识或技能的职责，但也部分承担着价值观引领的作用。因此，其他各类课程与思想政治理论课的行动步调是一致的，在实现学生全面发展目标的过程中，都坚持知识教育与价值教育相统一。

第二，课程思政与思政课程同行，指两者坚持德业融合。课程思政与思政课程坚持德业融合，一方面，指思想政治理论课与其他各类课程齐驱并进，在加强思政教育的同时，要结合其他专业课程的学科文化和背景，挖掘它们本身蕴含的思想政治教育素材和资源。教师除了承担知识传授与技能培训教学任务外，也肩负着学生世界观、人生观、价值观的培育与引领职责，在实施教学的过程中，不仅要扎实专业知识与技能，也要善于挖掘和运用学科文化背后的隐性教育资源，在阐释真理的同时提升学生综合素养，塑造学生健全人格。另一方面，思想政治教育理论课的内容本身也是一种专业知识，在注重价值引领的同时也不能忽略对其本身理论知识的传授，做到专业知识与价值观教育齐驱并进。

三、课程思政与思政课程之间关系的认识

思政课程和课程思政都是高校实现立德树人根本要求的重要形式和手段，在高校教育中都占据重要地位和起着重要作用。两者同属于我国高校教育的智育和德育学科体系，各有侧重，既相互区别，又相互联系。我们要实现从思政课程单向育人转向课程思政立体化育人，就要充分把握两者之间的关系，既要看到它们之间的学科属性与内容要求、课程地位与功能方面的区别，也要看到两者的育人方向和育人道路上的同向同行关系，正确认识与处理它们之间的辩证关系。

（一）课程思政与思政课程在育人目标上内在统一

我国高等教育一直坚持"以人为本"的本质要求，倡导培育学生德智体美劳全面发展的教育理念，不管是思想政治理论课还是其他各类专业课，都始终坚持着这一人才导向。思想政治教育目标既是开展思想政治教育活动的起点，又是思想政治教育活动的终点，它既综括了社会对受教育者的要求，又体现了国家、社会及教育者的期望，还一定程度上规定了人的思想品德发展方向，在整个思想政治教育过程中起着导向、激励、调控的作用。而课程思政是对高校思政课程的拓展和深化，是高校构建"三全育人"格局的重要举措，其以立德树人为根本要求，以实现全员、全过程、全方位育人，促进知识传授与价值引领

有机结合和实现学生全面发展为目标。课程思政与思政课程在育人目标上内在统一，虽然两者的学科特点与学科背景不同、担任的育人职责与功能不同，但育人问题不分轻重。因此，我们要坚持全面发展理念，培养德智体美劳全面发展的新时代人才。

正确认识及处理课程思政与思政课程之间的辩证关系，在看到两者相互联系、互为发展前提的同时，也要看到两者是两门相互独立的课程体系。在进行教学的过程中，既要充分运用两者的联系丰富教学内容、教学方法，提升教学效果，从而达到推动学科发展的目的；也要明确思政课程与课程思政是两个不同的学科体系，两个学科体系具有各自的学科内容、学科特点和学科要求，在教学的过程中，要根据学科要求和特点来安排课程内容，设计课堂环节，更好地实现在教授知识的过程中有价值观引导的融入，更好地建设"全员、全课程、全方位"育人格局。

（二）课程思政与思政课程在内容体系上相对独立

全面贯彻思想政治教育，建设课程思政"三全育人"体系，我们必须认识到，课程思政与思政课程是两个独立的、不同的课程体系，它并不是要将所有的课程都变成思想政治教育课，而是在开展思政课以外的各类课程教学时，要注重价值观的教育引领。思想政治理论课的内容本身就是一种知识，作为一门独立的理论知识课程，在高校育人环节中占据主导地位，承担育人的主要职责；其他学科课程则是以教授学生专业知识和培养学生技能为主要职责，这并不是说它们就没有对学生进行道德教育、思想教育、价值观教育的职责。

与之相反，专业学科课程在专业知识或技能传授与培训的同时，也具备并肩负着对学生进行德育和价值观教育引导的功能与职责。因此，我们要注意区分课程思政与思政课程，要充分认识到两者是相互联系的，但在教学内容上也是相互独立的，不能将所有课都当作思想政治教育课，要注重主次之分；也不能在实施专业课程教学过程中只有智育层面的内容而忽视德育层面的内容。我们要正确认识到两者在教学内容上是相互独立的，是两个不同的课程体系。

（三）课程思政与思政课程在教学方法上相互补充

课程思政与思政课程在教学方法上，是相互补充的。思想政治教育的基本方法包括理论灌输法、实践锻炼法、自我教育法、榜样示范法、比较鉴别法、咨询辅导法。它的教学活动形式是多样的、内容是丰富多彩的。但是，在日常的思想政治教育教学活动中，大多数老师将理论灌输法作为主要的教学方法，对学生进行直接的理论知识讲授，而对其他教学方法有所忽略。加上思想政治教育自身的理论性、目的性较强的特征，使得其教学成效不尽如人意，甚至出现与预期效果相反的结果。

就课程思政来说，倡导以一种"润物细无声"的教学方式，将思想政治教育内容合理地融入专业知识教学中，实现在知识传授的过程中有价值的引导，在教书的过程中有道德的培育。由此可见，思政课程虽然教学方法较为丰富，在具体教学实践中常用的却是单调枯燥的理论灌输法，而课程思政倡导渗透式的教学方法，力图达到"润物细无声"的教学效果，两者在教学方法上既相互结合，又相互补充。

（四）课程思政与思政课程在学科发展上相互促进

课程思政的提出，是为了促进思政课程的发展，提高思想政治教育的效益；同时，课程思政的建设与发展也离不开思政课程的支持，两者在学科发展上是相互促进的。

一方面，高校思想政治教育理论课的发展，需要课程思政的助力。推进课程思政体系建设，不仅在育人方面为思政课程提供了学科支撑、理论支撑和队伍支撑，在缓解高校思政课程育人"孤岛化"窘境、解决思政教育与专业课教育之间出现分裂问题方面也提供了一定的方法借鉴，对加强思政课与其他课程的融合与渗透具有重要意义。

另一方面，课程思政的发展，需要思政课程的支持。课程思政在课程设置、内容设计、教学标准及政治导向等方面，需要参照思政课程的示范，需要思政课程的引领，才能更好地实现立德树人目标。正确认识与把握两者的相互促进关系，充分利用课程思政对思政课程的发展作用、思政课程对课程思政体系建设的引领作用，进一步构成两者之间的相互促进和良性互动。

第四节　课程思政与思政课程协同发展的策略

"高校是开展'课程思政'的主阵地、主渠道、主力军，全面推进课程思政建设，是落实立德树人根本任务和全面提升人才培养质量的重要举措。"[1] 要做好高校思想政治工作，提高高校思想政治教育的实效性，就要对课程思政与思政课程协同发展路径进行研究，从而实现立德树人的"润物细无声"，构建协同、有效、有力的思政教育大格局。

---

[1] 曲鑫，李德刚，刘桐. 新文科背景下课程思政建设路径探索［J］. 北京教育（高教），2023（06）：88.

一、建立主体协同模式

高校课程思政的建设需要各院系之间、教师与教师之间、教师与学生之间有效联动起来，形成各司其职、协同配合的工作作风，为课程思政的建设提供良好氛围，推动课程思政建设的实效性，从而实现协同育人的目标。

（一）各院系落实责任

随着高等教育的发展，全国各大高校基本形成了校院分级管理的模式，各大院系在自身内部管理中的主体作用日益加强，下设教务管理部门、人事部门、财务部门、监督管理部门等机构在制订教学大纲与人才培养方案、建立课程改革小组、开展教育教学活动、制定监督考核体系等方面都有较大的自主权和独立性。因此，高校进行课程思政教学改革，各大院系要发挥自身作用，积极响应，担负责任，尽快落实。具体来说，要从以下两方面进行落实。

第一，各大院系尤其是专业课院系要树立课程思政理念，加强对课程思政建设的重视。院系领导要加强对课程思政建设的重视，带头推动课程思政建设，在院系内部形成各司其职、协同配合的工作作风。其他院系要改变课程思政建设只是马院职责的传统观念，与马院进行沟通交流，学习思想政治教育理念，与自身专业结合，形成自身独特的课程思政教学资料，提升自己的课程思政专业水准，在这样的工作氛围影响下，树立课程思政理念。

第二，各大院系要成立课程思政改革小组，制订具体的规划设计和实施方案，大力推进高校课程思政的建设工作。在制订教学大纲和人才培养方案时，要把课程思政的内容加进去，在马院的带动引领下，形成各专业自身独特的课程思政教学内容。在开展教育教学活动时，可以多开展一些关于宣传社会主义核心价值观的主题教育，让学生在浓厚的德育氛围影响下树立正确的价值观。在制定考核监督体系时，要为课程思政量身定做一套独特的考核监督体系，防止出现搞形式主义的现象。

此外，各专业院系要加强与马院的合作，为课程思政建设打造优秀教师队伍、设计精品课程、整合课程思政教学资源，共同为提高高校思想政治教育水平出力。

（二）任课教师主体视角

课程思政建设的关键在教师，高校教师是否具有自觉的育德意识和强大的育德能力是思政课和专业课能否"同向同行，协同育人"的人才资源保障。为推动高校教师深度参与课程思政建设，高校要加强对教师的育德意识和育德能力的培养、推动教师间加强合作，教师要提高课堂教学实施效度。

第一，高校要加强对教师的育德意识和育德能力的培养。提高高校教师准入门槛，把课程思政理论作为高校教师考核内容。新上岗教师进行课程思政理论再培训，加强他们的育德意识。鼓励高校教师对课程思政教育教学进行专题讨论，通过这些讨论，使专业课教师正确理解国家的大政方针和思政教育的理论，激发出专业课教师对本专业知识的内在价值的认知，从而产生专业课教师对学生进行思想政治教育的使命感和责任感。在教学实践中，专业课教师要坚持言传与身教相统一，在向学生传授专业知识的同时注重对学生的思想政治教育，修身立德，亲身师范，在学生中做出榜样，推动专业教学与思政教学"同向同行，协同育人"。

第二，高校要推动教师间加强合作。高校可以通过搭建"课程思政建设"平台，将思政课教师、专业课教师、高校校长、党委书记、辅导员等人组建成课程思政教学团队，通过集体备课制度促进他们之间的良性互动，形成教师间的同向同行，推动课程思政建设工程的常态化发展。高校可以加大对课程思政建设的经费投入，聘请地方党政领导人、专业带头人、感动中国先进人物、社会企业家、专家学者担任高校课程思政教学特聘教师，每人一星期一堂课，通过不同风格的教学向学生传播课程思政理念，向教师传递不同的课程思政教学方式和经验。同时，各高校间可以进行合作，通过特聘教师全国巡讲的方式传播课程思政教学经验，形成各高校间"同向同行，协同育人"的现象，推动课程思政建设工程的常态化发展。

第三，教师要提高课堂教学实施效度。优化课程内容。课程思政教学内容要讲究时效性，在坚持基本课程内容的前提下，要加入习近平新时代中国特色社会主义思想和社会主义核心价值观，反映社会主流意识形态。同时，要增强课程内容的趣味性和可读性。加强课堂教学设计，充分利用新媒体技术工具，将传统课堂与新媒体结合起来，开设翻转课堂、慕课教学等教学方式，让学生参与进来，提高自己的主人翁意识，激发学生学习的积极性，为课程思政教学提供良好的教学氛围。加强教学管理。通过制定课堂纪律、学生评教、督导评课、同行听课的方式，对教师和学生进行管理，保障课程思政教学有序进行。

（三）高校学生客体体验

高校立身之本在于立德树人，只有培养出一流人才的高校，才能够成为世界一流大学，高校教育活动的目的是为国家培养出高质量和高素质的人才。高校思想政治工作关系高校培养什么样的人、如何培养人以及为谁培养人这个根本问题，要坚持把立德树人作为中心环节，把思想政治工作贯穿教育教学全过程，实现全员、全过程、全方位育人，努力开创我国高等教育事业发展新局面。课程思政建设的最终成效在于学生，课程思政的改革要获得学生的认可和参与。

1. 教学过程中

在教学过程中，教师要深入挖掘专业课程与思政教育知识体系的结合点，完善教学内容，在授课过程中，以学生喜闻乐见的形式，以通俗易懂的生活化语言解读专业课程中蕴含的德育知识，在专业知识的传授过程中向学生传递正确的价值观，让课程思政教育理念在学生中入脑入心。同时，教师要多关注学生的精神世界和生活环境，了解学生的心理情况和学习需求，掌握学生的所思所想。

当代大学生处于思想多元化的社会环境中，每个人都有自己对于当前国家大事的独立思考，教师要根据当代大学生的这一特征，深入学生，把握学生需求，了解学生在思想上的困惑，然后基于自己的专业知识以及自己所掌握的课程思政理论、思政教育知识和国家的方针政策，用生活化的需要对学生的问题进行答疑解惑，将知识传授和价值引领相结合。

教师不能对学生所关注的社会问题进行表面解答，简单化处理，而是要深入挖掘学生所关注的社会现实问题背后的本质问题、思想认识问题，然后用通俗化语言来进行解答，只有这样，才能引起学生学习的兴趣，提高思想政治教育的亲和力，引导学生感悟并内化课程思政教学内容。

2. 教学实践中

在教学实践中，要引导学生参与社会实践活动，做社会主义核心价值观的践行者。各高校可以根据学校自身办学特色，设置一些实践课堂或者举办暑期社会实践活动，让学生用自己学到的专业知识解决生活中的问题，深入基层帮助老百姓，在实践活动中增强自己的社会责任感和时代使命感。同时把此作为学生毕业考核的一个因素，制定实践活动考核评价标准，防止实践活动流于形式。

二、建立课程协同模式

高校三类课程中思想政治理论课程是显性课程，对学生有显性教育的作用，通识课程和专业课程是隐性课程，对学生有隐性教育的作用。课程思政建设中要注重坚持思政课的主体地位不动摇，同时也不能忽视通识课和专业课对学生的隐性教育作用，将显性教育与隐性教育相结合，形成"同向同行，协同育人"的课程思政建设大合力。

（一）课程思政与思政课程

处理课程思政与思政课程的关系实际上是处理好认识与实践的关系，课程思政与思政课程在思想认识上保持一致方向，在具体实践中保持同行，才能实现课程思政与思政课程"同向同行，协同育人"的目标。

1. 在思想认识上要保持一致方向

课程思政与思政课程在政治认同、文化认同、育人方向上要保持同向。

（1）坚持政治认同的一致方向。课程思政要紧随思政课程的政治方向，树立大局意识，与思政课程一同为培育大学生树立马克思主义信仰、正确的政治意识、为中华民族的自豪感而共同努力。思政课程培养大学生树立正确的政治大局、国家大局，课程思政要从旁协助。在政治大局、国家大局方面，两者必须保持一致方向，不能走向对立的一面。

（2）坚持文化认同的一致方向。不管是思政课程，还是课程思政，其最终目的都是对大学生进行思想政治教育，归根结底是培养大学生树立正确的文化认同，树立正确的价值观，坚定文化自信。全党要坚定道路自信、理论自信、制度自信、文化自信，而文化自信是更基础、更广泛、更深厚的自信。文化能否自信，关乎教育根本，尤其是当中国发展到现在这个程度，当中国在世界体系中的位置发生一定变化的情况下，文化能否自信起来，也就显得至关重要。课程思政与思政课程要方向一致，共同培养大学生对中华民族优秀传统文化的认同，对当代社会主义核心价值观的认同，对人类命运共同体价值观的认同，两者之间不能各说各话，相互矛盾。

（3）坚持育人方向的一致性。建设课程思政，发展创新思政课程，最终归属在于为社会主义事业培养合格建设者和可靠接班人，实现立德树人、以文化人以文育人的最终目标。课程思政与思政课程要坚持育人方向的一致性，为发展中国特色社会主义事业服务，增强当代大学生对中国特色社会主义的道路自信、理论自信、制度自信、文化自信。

2. 在具体实践中要保持同行

思政课程与课程思政在具体实践中要相互补充，相互促进，实现共同发展。

（1）相互补充。高校要用好课堂教学这个主渠道，思想政治理论课要坚持在改进中加强，提升思想政治教育亲和力和针对性，满足学生成长发展需求和期待，其他各门课都要守好一段渠、种好责任田，使各类课程与思想政治理论课同向同行，形成协同效应。课程思政与思政课程要相互补充，建构以思政课程为核心，课程思政为辅助的课程体系，为提高高校思想政治教育水平共同发力。思政课程要明白自身的定位，提升亲和力和针对性，在自身领域内深化改革，带动课程思政内容的建设，两者之间不能重复，不能完全一致，而是应该相互补充，各司其职，最终实现协同育人。

（2）相互促进。思政课程要促进课程思政的发展，思政课程在坚持自身理论基础上，注入时代气息，坚持正确的政治方向，引领课程思政的建设，推动课程思政的发展。同时，课程思政也要推动思政课程的发展，课程思政内容丰富，思政课程可以从中汲取营养，丰富自身内容，促进自身发展。

（二）思政课程与专业课程

处理思政课程与专业课程的关系，不是让思政课程取代专业课程，也不是把专业课程上成思政课程，而是思政课程在不断提高自身学术内涵的前提下，带动引领专业课程在坚持自身专业知识的基础上对学生进行思想政治教育。

（1）思政课程在坚持马克思主义理论体系的基础上，旗帜鲜明地回答"为谁培养人才"的价值判断。思政课程要坚持在改进中加强，在坚持基本课程内容的前提下，将中国特色社会主义理论体系最新内容、思政前沿最新研究成果融入教学内容中去，提高学术性。在教学过程中，要提高思政课程的亲和力和针对性，关注学生最新思想动态，进行案例教学，以通俗化的语言讲述最新思政前沿动态，满足学生成长发展需求和期待。

（2）高校要找出思政课程与专业课程之间的契合点，通过系统的课程设计，使两者之间有机融合。对专业课程进行整体规划，将社会主义核心价值观和中华民族优秀传统文化的内容融入教学要求中去，根据学生学习的实际情况设定教学方式，并有机整合到教学大纲中去，推动思想政治教育在专业课程中的发展。

各专业要立足于自身特色，制定本专业课程思政目标，从专业知识中提炼出思政内容，形成自身的课程思政专业教材。具体到每门课程，各专业课教师要深入挖掘本专业课程的思政元素，明确每个思政元素的切入点，每个思政元素与具体的专业知识的内在关系，各个思政元素间的内在关联，做到入深入细，深度融合。在课堂教学中，有机融合专业知识与思政元素，要以学生最关注的社会现实问题为载体引导学生学习专业知识，训练学生的思维方式和思维能力，实现思政元素与专业课程的有机融合。

（三）思政课、通识课、专业课

新时代，党中央和国家有关部门高度重视高校思政教育工作，采取了一系列措施，不断推进教育领域综合改革。"因此，我们要走政治实践的道路，更好地融合课程思政与专业教育，努力提高自身素质，为建设社会主义强国和实现中华民族伟大复兴做出切实的努力。"[①] 高校推动课程思政的建设，需要处理好思政课程、通识课程、专业课程的关系。

1. 三类课程要明确自身定位，各司其职

思政课是高校对学生进行思想政治教育的主渠道，重在对学生进行社会主义核心价值观教育和马克思主义理论教育，在教学过程中，要注意创新教学形式，用通俗化的语言向学生传授知识，提高学生学习的兴趣。

通识课重在潜移默化中根植理想信念教育，在教学过程中让学生感悟人生，树立高尚的理想信念，为实现中华民族伟大复兴的中国梦而努力奋斗。

专业课重在实现知识传授与价值引领同频共振，实现立德树人润物无声。在社会科学课程中，对学生进行思想政治教育；在自然科学课程中，在传授知识的同时重点培养学生的职业素养和道德素质。

三类课程要明确自身定位，各司其职，共同为提高高校思想政治教育水平而服务。

2. 促进三类课程间的协同化发展

（1）三类课程进行双向结合，这包含两方面的内容，首先是思政课主动与通识课、专业课的结合，也就是要深挖通识课、专业课中蕴含的思想政治教育资源，丰富思政课的内容，从而推动课程思政的建设。其次是通识课、专业课主动寻找思政课中适合自身对学生开展思想政治教育的资源，比如，思政课程中的爱国主义教育、工匠精神、诚信品质、国家安全意识教育等内容都可以融入通识课、专业课中去。

（2）实现各门思政课之间，各门思政课与各门通识课之间、与各门专业课之间的协同化发展。全国各大高校要实现各门课程间的协同化发展，在教育理念上，要打破思政课对学生进行思想政治教育的孤岛困境，每门课程都要育人，每位教师都要承担育人责任，学校要为实现课程思政的发展提供强大保障。具体到行动上，各门课程要修改补充教学大纲与培养方案的内容，教师间要组织召开教研会，创新课程教学方式，学校要加强对教师的育德意识和育德能力的培养等。

三、建立要素协同模式

高校推进课程思政的建设，构建课程思政与思政课程的协同模式，从而实现立德树人的润物无声，这需要加大思政课程的改革力度、提高专业课程的思想高度、明晰课程育人

---

① 张猛，郭钟慧，贾倩. 新时代高校课程思政建设与专业教育融合路径探析 [J]. 佳木斯职业学院学报，2023，39（06）：22.

的向度，从而使得课程思政理念深入人心，提高高校思想政治教育水平。

（一）加大思政课程的改革力度

高校推进课程思政的建设，实现各类课程与思政课程"同向同行，协同育人"，要彰显出思政课程的主渠道地位，显示出思政课程的专业性、创新力和时代感，夯实思政课程的实证力度。

一方面，提升思政课程作为理论课程的专业水准。提升思政课程的专业性，将学生的思想政治状况与问题通过教育引导产生良好作用作为一个课题进行研究，对这一课题的研究，以理论为基础，以问题为导向，以教育引导为中介，最终实现与学生的情感共鸣，提升思政课程的专业性。加大思政课程的创新力度。教学过程中将理论与实际相结合，提升思政课程的吸引力，具体而言，将理论与革命先辈的光荣事迹相结合，将理论与时代内容相结合，党员教师发挥先锋模范作用，将红色经典、英雄事迹与思政内容结合，贯穿在思政课堂中，使学生感受到榜样的力量，不忘初心、牢记使命，砥砺前行，使得思政课程更容易被学生所接受，学生在潜移默化中受到思想政治教育。思政课程要与时俱进，增强时代感。

理论来源于生活，思政课程要贴近生活、贴近时代，关注学生在思想上的困惑与在时代变迁中遇到的实际问题，更新自己的教学方式，为思政课程的内容注入时代精神，同时对中国特色社会主义理论的新内容和新成果进行深入研究并精准解释，使得思政课程与时俱进，增强思政课程的亲和力和针对性。

另一方面，在实践活动中进行思政课程的渗透。从思政课程中分出一部分课时用于实践活动，通过志愿者下乡、社会实践活动、调查研究等活动形式，引导和鼓励学生树立正确的价值判断和思维方式，让学生在活动中强化对社会主义核心价值观的认同，树立看待问题的正确方式，拓宽思政课程的教育广度，提高思政课程的教育水平。

（二）提高专业课程的思想高度

思政课程与各类课程同向同行，实现协同育人，就要改变专业课程中的一些错误倾向。实现专业课程与思政课程"同向同行，协同育人"，要着力提高专业课程的思想高度。

一方面，提高专业课教师的思想高度。在思想认识上，专业课教师要意识到自己在传授专业知识的同时，自身的言谈举止也会对学生产生巨大的影响，因此，要正确理解知识传授与价值引领的关系，修身立德，亲身示范，积极承担育人责任，使授业与传道相结合，实现立德树人润物无声。在知识储备上，专业课教师要主动与思政课教师合作，在思政课教师的引领带动下，学习思政理论知识，便于挖掘专业课程中蕴含的思想政治教育资源。

学校可以通过开展教研会、集体备课会的形式加强思政课教师与专业课教师间的合作，分享育人资源，修订课程思政专业教材，探索对学生进行思想政治教育的方式。在教学实践中，专业课教师要关注国家方针政策与当前国际形势，将学生关注的热点问题巧妙地运用专业知识与自身的知识储备进行解答，解决学生思想困惑，让学生在获取专业知识的同时得到思想上的启迪。

另一方面，学校为提高专业课程的思想高度提供硬件保障。在教材的选用方面，要避免使用西方教材的现象，造成水土不服、作用不大的情况。教材的选取要坚持正确的政治方向、大局方向，实现正确的价值引领。在教学管理方面，通过制定教学纪律、教学评价和监督体系，把育人功能加进去，作为提高专业课程的思想高度的硬性规定。同时，学校可以举办一些宣传社会主义核心价值观的活动或者利用微信公众号、广播、网络、APP等媒体营造良好的德育氛围，引导广大教师不忘立德树人初心，牢记人才培养使命，将更多精力投到教书育人工作上。

（三）明晰课程育人的精神向度

高校的思想政治教育工作，要坚持社会主义办学方向，落实立德树人的根本任务，坚持教育为人民服务、为中国共产党治国理政服务、为巩固和发展中国特色社会主义制度服务、为改革开放和社会主义现代化建设服务，扎根中国大地办教育，同生产劳动和社会实践相结合，加快推进教育现代化、建设教育强国、办好人民满意的教育，努力培养担当民族复兴大任的时代新人，培养德智体美劳全面发展的社会主义建设者和接班人。

一方面，教师明确育人方向，推动立德树人的发展。在创新驱动发展战略的指导下，高校纷纷进行改革，积极投身于实施创新驱动发展战略，着重培养创新型、应用型、复合型人才，推动了我国一流大学和一流学科的建设。高校教师要明确课程育人方向，在重视培养创新型人才的同时注重对学生进行思想政治教育。教育引导学生树立坚定的共产主义伟大理想和中国特色社会主义理想信念，增强中国特色社会主义道路自信、理论自信、制度自信、文化自信。引导学生树立爱国主义意识，始终坚决拥护党的领导，培养奋斗精神、劳动精神，提升学生的品德修养。同时丰富学生的知识，扩大学生的见识，增强学生的体魄，培育学生的综合素质能力，为党和国家培育德智体美劳全面发展的社会主义现代化人才。

另一方面，深化教育体制改革，落实立德树人机制保障。高校要深化教育体制改革，将教育评价导向调整到重视学生德育情况上来，提升教育事业发展活力。

第三章 课程思政教育教学的理论体系

第一节 课程思政与学生的主体性发展

一、教育学视角下的学生主体性

（一）学生主体性的界定

主体是现代认识论的一个基本范畴。主体是指有认识和实践能力的人，主体是专属人的哲学范畴，主体是人却又不同于人。前者主要从活动方面定义，后者主要从存在方面定义。也就是说，主体体现的是人对世界的一种价值关系和人的活动状态，如若人没有处于积极主动地位时，他便不是主体。因此，此处的主体定义为有意识、有目的，并在一定社会关系中从事实践活动、认识活动的现实人，是能通过自身的自觉能动活动，发挥能动积极作用并取得支配地位的人。

"主体性是个体在认识改造对象世界过程中呈现出的主观自觉、自主独立并富于创造的行为表现"[1]，是个体在对象性活动中，运用自身本质力量，能动地作用于客体的特性，是人的自觉能动性，因而大学生主体性指大学生在教育活动中，通过高职教育教化和自觉能动活动，体现出的自主性、主动性（能动性）、创造性等。

自主性表现为具备独立意识，合理规划、执行、审视自己的教育活动，学生对活动具有支配和控制的权利和能力。

主动性（能动性）表现在为实现自身需要，主动适应、选择和改变教育活动。

创造性指在教育活动中，学生能结合所学知识，对于所学知识有个性化理解，并达到举一反三的能力。

---

[1] 孟昭苏. 高校学生主体性养成研究[J]. 安徽冶金科技职业学院学报，2022，32（01）：72.

当然，学生的主体性并不是与生俱来的，而是一个逐渐生成和发展的过程。在这个发展过程中，主体性不仅受各种自然规律的制约，更受教育过程和各种教育规律的制约，这成为大学教育能促进主体性发展的依据。

（二）"主体性"教育思想

自古以来，教育学探讨对象主要分两类：一是以教师为中心（注重教师和教材），二是以学生发展为中心（强调学生的主体性与主动性）。在我国，以学生为中心的教学理念可追溯到春秋时期。伟大的教育家孔子提到"学而不思则罔""不愤不启"等，体现了我国古代教育重视在教学中培养学生的自觉性和积极性，肯定和尊重学生的主体地位。到了近代，陶行知的"生活即教育""教学做合一"的生活教育理论，表明教育家们重视学生个性发展、激发学生学习兴趣、启发学生独立探究等。

20世纪80年代初，主体性教育理论在我国教育领域萌芽，到20世纪90年代初形成一套符合中国实际、以培养学生主体性为宗旨的理论，其基本观点为：人是教育的出发点，培养人的主体性是教育追求的目标；强调学生主体性的培养，确立学生在教育中的主体地位，关注学生未来发展，重视学生身心发展需要，承认学生个性发展的重要性等。

在西方，从文艺复兴开始，人们开始认同和关注主体性教育思想：教育家卢梭突破了传统学科课程的束缚，确立起"自然即课程，儿童即自然"的课程理念；夸美纽斯主张"把一切知识教给一切人"；20世纪初叶，美国实用主义教育理论推行者杜威提出了"儿童中心说""教育即生活"等思想，推崇教育教学应当以学生为中心。继杜威以后，以皮亚杰、布鲁纳等人为代表的建构主义理论学派，倡导学生学习的主动性，主张通过提供和创设有利于学生主动参与的内容与情境，引导学生根据已有经验建构新知识，发展学生的主体性；到20世纪60年代，以罗杰斯为代表的人本主义教育理论学派，更加强调学生的中心地位，强调构建适合学生需求的环境和氛围，让学生主动投入并产生有意义的学习，促进主体性发展。20世纪80年代以后，主体性教育思想作为培养现代社会所需要的高素养公民的根本宗旨，已经深入西方各国的教育实践，并取得了显著成就。

综上所述，以学生为中心，培养学生主体性是教育的目的，是教育的风向标，高等教育应该以人本主义为切入点切实关注学生发展。

二、课程思政促进学生主体性发展的必要性

促进主体性培养和发展是教育的目的，但是主体性的发展并不是一蹴而就的，而是一个教化过程。教育的各阶段，承担着不同的教化角色：中小学阶段是学生主体性的萌生

期，侧重教化和引导学生；大学是学生主体性发展的重要期，注重教化和引导学生自我教化、成长和发展；在成人阶段，个人主体性发展越趋成熟，能进行自我教育和自我指导。由此可见，新形势下的课程思政要抓好主体性发展的重要期，将推动大学生主体性发展作为课程目标，把促进大学生全面发展作为课程的本质要求，作为推动个人发展、提高教育质量、适应社会主义市场经济发展的必然推手。

（一）课程思政是迎接新时代的需要

随着我国社会主义市场经济的建立和完善，知识、经济、文化领域的多元化，人们的物质和精神生活都发生了巨大改变。在深入社会改革和实现现代化进程中，需要一批批能引领时代潮流，具备高知识、强能力、强素质，有独立性、自主性、创造性的青年人才。因为他们不再盲从传统的道德价值观和道德规范，而是自主地选择适应时代发展的道德价值和规范。

在互联网蓬勃发展的时代，"地球村"正在形成，多元文化思潮交汇并激烈碰撞。大学生是网络使用的主力军，不免受到网络上各种思潮的影响。这需要教育在课堂上除了教授专业知识之外，也要肩负起引领学生思想和价值观的工作。新媒体时代下，信息获取和网络交流更依赖大学生的自主性、能动性和创造性。这对高职人才而言既是机会也是挑战。

一方面，这要求教育提升学生的平等意识、主体意识、创新意识，促进学生全方面培养和发展；另一方面，如何改变传统教育模式，培养符合时代所需人才也是需要思考的问题。因此，充分重视大学生的主体性作用，培养全面发展的人才，成为当代大学亟待解决的教育问题。这需要在课程思政指导下，开展培养学生主体性的教学活动，帮助人们树立正确的价值观和做出正确的行为，激发学生的自主性、能动性和创造性，使他们学会学习、学会发展、学会创造，迎接新时代的挑战。

（二）课程思政有助于满足大学生的不同需求

在人才聚集、知识信息爆炸的时代，大学生正处在世界观、人生观、价值观的形成阶段，表现在对外界拥有好奇心和求知欲，对新生事物存在敏锐的感知力，对内希望自身取得进步，成长成才。

同时，大学生的需要多种多样，既有物质需要、精神需要，也有主导性需要、辅助性需要，其中不断成长自我、发展自我成为大学生的主导性需要。但从大学生的心理发展特点来看，虽然"成人感"已出现，价值观念渐趋稳定，道德水平不断提高，但独立意识仍未成熟。因此，课程思政的基点是要培养学生的主体性，培养学生的独立思维能力，使大学生获得全面发展。

（三）课程思政有助于优化现行课程

在现行高等教育中，大部分课程仍然是以观念说教、行为约束、思想灌输为特征的单向教育模式。在教育关系上，教师只是负责完成教学任务，没有真正指导和改变学生，而学生只是负责机械性或突发式地完成学业，修满学分，在学习过程中缺乏主动性、创造性。在教育评价上，教师是评价主体，是决定主体，学生很少参与教育评价。

总体而言，必须对传统教育进行改革，树立新型教育观，以课程思政为切入点，实现全员、全过程、全方位育人，充分调动学生的积极性和能动性，培养学生的主体意识和主体能力，形成主体性道德人格。

三、课程思政促进学生主体性发展的机制

"课程思政建设是指教师在开展课程教学的同时，加强对学生的思想政治教育，以更好地实现教书育人目标的一种教学方式。其中学生是课程思政建设中的出发点和落脚点，发挥大学生的主体性作用，实现其全面发展，是课程思政建设所追求的育人目标。"[1]

（一）制定主体性发展的课程目标

教育主要有两大目的：社会本位论和个人本位论。

从社会本位论教育目的来看，培养学生是为了个人更好地社会化，满足社会需求，服务社会。在当今市场经济形势下，社会需要主动性强、创新能力强的人才，课程思政要通过挖掘全部课程价值内涵，充分发挥主体的主观能动性、积极创造性和自主选择性，推动其个人的主体性发展，为社会、国家培养所需人才。

从个人本位论教育目的来看，个人的全面发展是教育的终极目标。由此可见，高职课程思政目标不仅要强调社会发展的整体需要，还要强调个人的发展诉求。课程思政的教育者和实施者要牢记立德树人是立身之本，将培养学生的德育素养视为教育的灵魂和首要任务，学习和掌握德育知识，要使"德"统率"才"；要意识到学生有追求人生价值、自我表现的内在需要，发展学生的能动性、自主性和创造性，使其成为有较强生存能力、适应能力和发展能力的个人。同时要意识到学生主体性发展并不是开展外在的、强加和压迫式

---

[1] 张铨洲.课程思政建设中发挥大学生主体性作用研究 [D].天津：天津工业大学，2019：1.

教育，而是引导学生积极主动学习各类知识，并带领学生积极主动将外在知识内化为自己的知识，不断提高和强化学生思想上与政治上素养的水平。

总之，在制定各课程思政目标时，在思想观念上要牢记社会本位论和个人本位论理念，培养和发展满足社会需求与个人诉求的学生。

（二）设置以人为本的主体性课程

第一，价值教育引导是课程思政培养主体性人格的核心内容。培养什么人，为谁培养人，是大学教育的根本出发点和落脚点。培养德智体美劳全面发展的社会主义建设者和接班人是中国特色社会主义大学教育的本色。因此，课程思政要依据马克思主义的基本观点和方法，培养学生的主体性人格，促进学生全面而自由的发展；要对学生进行理想信念教育，要引导统一个人理想与共同理想；要传扬民族精神、时代精神和荣辱观，构成一个全面传导价值观念的教育过程。

第二，加强大学生心理素质培养是课程思政培养主体性人格的组成部分。在市场经济大潮中，面对激烈的竞争与利益关系，面对因得失引起的诸多困惑、压力、苦恼、焦虑，部分大学生存在心理障碍。矫治心理上的疾病，虽然不是由课程思政完全承担，但也是课程思政不可推脱的任务，因为课程思政的目标是实现人的全面发展。因此，在课程实施过程中，教师要学会观察学生的心理状态，识别心理问题学生。在必要的时刻，除引导学生进行心理咨询外，应发挥课程思政完善大学生主体性人格的基本功能，对大学生进行引导教育、关心爱护，在课堂中多鼓励学生树立自信心、自尊心，多鼓励学生自我教育、自我管理，培养学生的自主性和能动性。

第三，培养学生的主体性意识是课程思政培养主体性人格的重要方面。大学生正处于主体发展的重要时期，主体意识的强弱决定着学生的自知、自控和自主水平高低，决定学生的身心发展水平高低。在课程思政中，树立学生主体性地位的观念，培养学生的主体性意识，主要培养学生自我意识能力、自我实践能力、自我反省能力、自我监督能力、自我判断能力等。在其中，较为重要的是学生自我实践能力的培养，主要通过在课程思政中引入活动课程，通过参与活动，在实践中、在行动中实现个人认知、情感和行为上的发展。

第四，融入各类课程的人文情怀是课程思政培养主体性人格的表现方式。在课程思政的实施过程中，精心梳理教材内容，提炼出各专业、各教材和各章节所涉及的思维、技术、人性、社会等多方面的独特育人价值，如发展历史、杰出人物、人类价值、社会贡献等。传授课程的各方面内涵，既让学生明白专业课程的价值取向，也能去思考自己的世界观、人生观、价值观。

（三）采取主体性教学模式

教学模式指在一定教学思想或教学理论指导下建立起来的较为稳定的教学活动框架和活动程序。新形势下的课程思政需采取人本主义教学模式或建构主义教学模式。人本主义教学模式强调个体在教学中的主观能动性，坚持个别化教学；建构主义教学模式强调个体以自己的方式通过别人的帮助，建构对事物的理解。在这两类教学模式的指导下，课程思政须做到以下五点。

第一，建立主体性课程思政教育。课程思政要成为开展自我教育和自我发展的课程，在教育者的帮助下，学生根据自觉性充分发挥主体的能动性，通过侧面暗示、榜样影响等方法进行自我教育和自我提高。

第二，建立互动型课堂，即强调学生的主体参与，重视师生之间的交往互动。在课堂上，教师要善于激发学生的学习兴趣和积极性，与学生共同探讨、共同协商、相互学习。

第三，重视课程知识的建构。知识的获得是一个主动的过程，学习者不应是信息的被动接收受者，而应该是获取过程的主动参与者，课程思政过程应采取情景法、探究发现法、问题式学习、小组研究、合作学习、启发式、讨论式、参与式教学、创新性研讨、实践学习成果汇报等方式，激发大家的积极主动性，实现多元化师生互动。

第四，运用网络平台。现今世界，手机成为课程的必需品，要利用网络来吸引学生，让学生主动学习。例如，课程思政与朋友圈、微信公众号、班级群等相结合，开展形式多样、风采各异的课程思政第二课堂。

第五，解答疑难困惑。学生主体性的发挥，还体现在学生的质疑问难。在教学过程中，要引导学生主动对问题进行深层次多角度思考，发展学生主体性意识。

通过主体性教学模式，课程思政将充分发挥大学生的主体性，让他们变成能动、自主、自觉、自控的社会主体，建立主体性的思想政治教育和道德教育。

（四）形成发展性评价体系

发展性评价体系指评价不再仅仅是甄别和选拔学生，而是促进学生的发展，促进学生潜能、个性、创造性的发挥，核心是重视过程、关注个体差异，强调评价主体多元化。因此，新形势下的课程思政需要改变过去单一、重视教学结果的评价体系，调整和完善课程评价体系，形成发展性评价体系。

过去的课程评价只注重结果，却忽视发展功能的发展性评价，这不能准确反映学生的实际情况，也忽略了学生处于发展过程中的现状。课程思政要实现评价主体从单一向多元的转变。过去单一的评价主体带有主观性和随意性,这不能成为准确的评价结果。因此,课程思政下的评价要依靠任课教师、学生本人、班级评定小组共同合作。其中自我评价是发挥和发展主体性的重要推手。通过自我评价,唤醒学生的参与意识,认识自身不足,主动寻求进步,实现个人主体性发展。

第二节 课程思政教育的目标与规律

一、课程思政教育的目标

课程思政的教育理念也是一种体现连续性、系统性的课程观,它不拘泥于各科专业知识的学习,而是通过将思政教育的目标融汇于各科的教学当中,使得各门课程都能参与到学校育人的过程当中,形成一个完整的课程育人体系。课程思政的育人目标最终是要培养德智体美劳全面发展的社会主义接班人,努力为党和国家培养更多担当民族复兴大任的时代新人,以课程思政的全面质量提升带动"三全育人"工作,以育人质量的全面提升带动学校"双一流"建设。

(一)引导学生坚定理想信念

思政课的教育教学内容设计要重在阐释共产主义远大理想和中国特色社会主义共同理想的丰富内涵、实现路径与发展要求,结合国际共产主义发展史和中国共产党党史、中华人民共和国国史,在学理上引导学生深刻认识树立远大理想、坚定理想信念的必要性与重要性,增强树立远大理想信念的自觉性。

通识课的教育教学内容设计要注重从历史、文化、社会、生态等不同视角比较分析社会主义制度和共产主义理想的优越性与先进性,让学生在人文关怀与生活感悟中体会理想信念的特殊作用,增强学生树立远大理想信念的自信心。

专业课的教育教学内容设计要结合学科、专业和课程的特色,从专业的沿革、现状与前沿的讲解中,激发学生的责任感、使命感与荣誉感,引导学生不断提升专业素养,抓住国家快速发展的战略机遇期,积极寻找实现个人价值与才华抱负的成长舞台和发展机遇,提升学生树立远大理想信念的可行性。

思政课、通识课、专业课同向发力,协同育人,不断增强学生的中国特色社会主义道路自信、理论自信、制度自信、文化自信,勇担民族复兴的时代重任。

（二）引导学生厚植爱国主义情怀

爱国，是一个公民最起码的素养，也是每位学生应当具备的重要情怀。各门课程教育教学的任务之一，就是要积极引导学生理解爱国主义的内涵，增强爱国主义的情怀，让爱国主义精神在学生心中牢牢扎根。

思政课的教育教学内容设计要重在阐释爱国主义的要义，了解爱国主义的历史意义与当代价值，正确处理好爱国、爱家、爱党与爱人民之间的关系，特别是要科学辨析错误思潮；要借助案例分析与典故教学等形式，教育引导学生热爱和拥护中国共产党，立志扎根人民、奉献国家。

通识课的教育教学内容设计要从不同课程的学科背景出发，为爱国主义提供更多的理论支撑，让爱国主义在学生的心中既能顶天又可立地；特别是要注重结合学生学习生活中出现的各种不合理现象进行分析批判，比如，针对"网瘾"现象，可从社会学、心理学、政治学等不同视角进行辨析，让学生形成更为清晰的认识和更为科学的认知。

专业课的教育教学内容设计要以学科专业为依托，通过国与国间学科专业与产业的发展比较，增强学生们投身专业研究、致力于产业发展的危机感、紧迫感，鼓励学生把爱国精神投入为国奉献的实践行动中。

（三）引导学生加强品德修养

立德树人是中国教育的根本使命，培养品德修养高尚的人才是学校教育教学的中心任务。各门课程教育教学的任务之一，就是要积极引导学生理解加强品德修养的必要性，踏踏实实修好品德，成为有大爱、大德、大情怀的人。

思政课的教育教学内容设计要重在阐释品德修养的内涵，理解加强品德修养的重要意义，把真善美作为终身的品德追求；结合不同时代的要求，教育学生把握当代品德修养的核心内容，特别是把社会主义核心价值观作为当前学生品德修养最重要的任务目标，围绕国家、社会、个人三个层面进行解读和分析，引导学生积极培育、大力践行。

通识课的教育教学内容设计要从国家道德、社会公德、职业道德、个人道德等视角对社会主义核心价值观进行细化细分，寻找社会主义核心价值观的历史溯源，分析其在伦理、法治、文化等不同领域的表现形态，引导学生科学辨识"社会主义核心价值观"与"西方价值观"的异同，对社会主义核心价值体系形成更为全面的了解。

专业课的教育教学内容设计要不拘一格、不搞"一刀切"，要围绕专业特性，挖掘专业课与社会主义核心价值观的结合点，在培养方案中对"德、能"等方面做出明确的规定，形成有效的指导方案。比如，大学语文的教学，可在精读短文中，主动选取分别讲述"勇气、诚信、善良、公平、法治、文明、爱国、敬业"等主题的素材，让学生在掌握专业知识的同时，深刻领会社会主义核心价值观的要旨，不断提升修养。

（四）引导学生增长知识见识

21世纪的竞争是人才的竞争，人才竞争力的核心之一就是见识与才智的较量。学校各门课程教育教学的任务之一，就是要教育引导学生珍惜学习时光，心无旁骛求知问学，增长见识，丰富学识，沿着求真理、悟道理、明事理的方向前进。

思政课的教育教学内容设计要以让学生形成"四个正确认识"为主要任务，重在教育引导学生正确认识世界和中国发展大势、正确认识中国特色和国际比较、正确认识时代责任和历史使命、正确认识远大抱负和脚踏实地，将中国情怀和时代特征与世界眼光统一起来，客观看待当代中国和外部世界的关系，让学生知晓个人知识见识的增长对国家和社会的重要作用，增强提升知识见识的自觉性与自主性。

通识课的教育教学内容设计要以拓展学生见识为主要任务，整合全校教学资源，开设尽可能多、可供自由选择的不同门类综合素养课程，大力拓展学生知识面，主动加强不同学科间的协同与交叉，让理工科学生增加人文社科知识、让人文社科学生接触理工知识，力争实现文理交融、医工交叉；增加实践教学环节，拓宽学生视野，让学生在实践中提升运用知识的能力。

专业课的教育教学内容设计要以增长学生知识为主要任务，发挥教学名师的育人效应，鼓励更多的大师走进一线课堂，让学生接触掌握最前沿的专业知识；充分调动教师的教学积极性，培训提升课堂教学水平与效果，激发学生的求知欲，教育学生扎实掌握专业知识，让学生学一门会一门、干一行爱一行。

（五）引导学生培养奋斗精神

新时代中国特色社会主义的建设最需要的精神之一就是奋斗精神和创新精神。学校各门课程教育教学的任务之一，就是要教育引导学生培育敢于担当、不懈奋斗的精神，塑造勇于奋斗的精神状态，保持乐观向上的人生态度。

思政课的教育教学内容设计要重在阐释"奋斗精神"的内涵，让学生深刻理解奋斗精神的实质；重在阐释新时代中国特色社会主义建设的历史任务与实现中华民族伟大复兴的使命担当，分析凝练奋斗精神的时代属性，与理想信念教育有机结合起来，激发学生勇担时代责任。

通识课的教育教学内容设计要更为注重奋斗情怀教育，可以设立"奋斗精神"专题进行讲解，也可把奋斗精神教育培养与乐观主义、爱国主义等专项教育结合起来，加大对古今中外历史名人的案例教学，让学生在提升综合素养的过程中不断增强勇于奋斗的动力。

专业课的教育教学内容设计要把专业知识传授与自强不息精神培养结合起来，重在引导学生不怕苦、不怕难，勇于挑战并攻克科技难题、社科难题，立志成为科研的生力军与后备军；要大力挖掘科学大师、理论专家不懈奋斗的成长故事，用榜样人物的成长经历激励学生成长，引导学生努力做到刚健有为、自强不息。

二、课程思政教育的建设规律

课程思政的规律是学校课程思政建设的基本理论。把握规律性是学校课程思政建设的前提。只有把握学校课程思政建设的规律性，才能更好地发挥主观能动性，坚持原则性，把握要点性。

根据辩证唯物主义认识论的观点，概念是对同类事物共同的一般特性和本质属性的表述和反映。而规律就是事物发展过程中本身所固有的、本质的联系。可以看出，事物的概念与其规律是紧密联系在一起的。具体地说，弄清了课程思政的概念，就为理解其规律性打下了基础。

如果缺乏从规律性的角度对课程思政进行定义，那么学校课程思政建设就缺乏依据，缺乏有效展开的理论基础。规律是事物的本质的联系，概念是对事物本质的把握，因此，学校的课程思政建设必须把两者结合起来考虑，从规律的角度重新定义课程思政的概念，才能真正清楚它的本质的联系。

在学校，除了思政课以外，所有的课程，特别是专业课和通识课程，都要以立德树人为宗旨，遵循思政工作规律、教书育人规律和学生成长规律，通过融入、挖掘、提炼、拓展等多种途径，把思政和德育巧妙地融入课堂教学内容，以达到潜移默化的思政教育效果。

（一）思政教育过程的规律

学校的课程思政建设，尤其是课程思政的实施过程，其实质就是思政工作过程，因此，必须遵循思政教育过程的规律。思政教育过程的规律是指思政教育过程各要素之间的本质联系及其互动趋势，如存在于教育过程中的教育者和受教育者之间的联系及其相互作用的方向等。现可将学校的课程思政建设遵循思政教育过程的规律做如下概括。

第一，课程思政教学目标要求与学生思想品德发展之间要保持适度的张力。思政教育过程的规律强调，在思政教育活动中，教育要求与受教育者思想品德之间应保持一种动态的平衡关系，即教育者所提出的教育要求要适当超越受教育者目前的思想品德基础，有提升其思想品德水平的可能，同时这一超越又不能高到受教育者经过努力也难以达到的高度。在学校的课程思政建设中，教学目标要求与学生思想品德发展之间保持适度的张力，这样才能遵循思政教育过程的规律。

第二，学校的课程思政教师要准确把握国家社会对学生的思想品德所需。思政教育过程的规律强调，在思政教育中，最重要的是帮助受教育者扩大视野，提高其理性思维能力，使其正确对待个人经验，既不固守个人经验，也不排斥个人经验，而是在实践的基础上，吸取思政教育的精神养料，使个人经验与社会要求统一起来，从而获得源源不断的前进动力。在学校的课程思政建设中，要与思政教育过程的规律这一要求结合起来，始终使国家社会对学生的思想品德所需与课程思政实施的内容相一致。

第三，学校的课程思政要结合思政教育过程的一般环节而展开。思政教育过程的环节是指思政教育过程相互关联的若干阶段，也可看作教育者对受教育者施加教育影响所必须遵循的一般工作程序。思政教育过程的一般环节可分为制订方案、实施、评估三个阶段，学校的课程思政也要按这三个阶段进行，并列出详细计划。例如，在制订课程思政方案时，要遵循思政教育过程的规律，按四项步骤制订方案：①收集课程思政信息，发现问题；②确定课程思政的教育教学目标；③拟订课程思政的教育教学方案；④优选课程思政的教育教学方案。

（二）课程思政教育教学规律

教育教学规律是从经验学习的角度来说明学生的成长规律的。这一规律是基于如下三点来理解教书育人工作的。

第一，知识是思想品德形成的基础。科学知识本身就具有一定的思想品德教育因素，学生思想的提高需要以知识为基础，知识的增加有助于学生的道德认识。

第二，学生思想品德的提高又为他们积极地学习知识奠定了基础。学生对所学知识的学习目的、学习态度以及积极性等思想品德要素的提高可以促使学生积极主动地学习知识。

第三，反对只重德育或只重知识的单一思想。教师在教学过程中应把知识教学与思想品德教育有机地结合起来，既要注意挖掘教学内容的思想因素，克服只教书不育人的倾向，又要防止教学中进行思想品德教育的形式主义。要寓德育于教学之中，做到教书育人。

第三节　课程思政教育的主要内容

一、政治引导

政治引导是指引导社会成员正确认识以国家问题为核心的政治关系和政治问题，对大学生进行政治引导，就是教育引导他们以马克思主义为根本立场去观察、分析政治问题和处理政治关系，从而保障我国的意识形态安全。政治引导是大学生思想政治教育的核心内容。课程思政改革是我国高校育人工作的新尝试，政治理论、政治认同及家国情怀构成了我国课程思政建设政治引导方面的主要内容。

（一）政治理论教育

目前，高校的政治理论教育主要是对大学生进行世情、国情、党情、民情教育，习近平新时代中国特色社会主义思想是对当今世情、国情、党情、民情的深刻揭示，课堂是高校进行立德树人的主渠道，各门各类课程都应将习近平新时代中国特色社会主义思想与各自专业教材的知识内容相结合，找到两者的联结点并将其有机融合，从而增强新时代大学生对党的创新理论的认同，为其以后服务社会、实现个人全面发展打下坚实的思想基础。

（二）政治认同教育

国家意识形态是在社会意识形态中处于引领和主导地位的意识形态，是社会意识形态的主流和核心。认同具有多种表现形式，政治认同是其中的一种特殊表现形式。政治认同是指社会成员在政治生活实践中逐渐形成的对已有政治体系的归属感和行为上的支持、服从。作为国家、民族发展的后备军，新时代大学生的政治素质强不强、政治信念坚不坚定对于我国意识形态建设具有重要意义。高校大学生的政治认同程度直接反映着一个国家政治体系的发展水平，因此，做好高校政治认同教育显得异常重要。

目前，高校的政治认同教育主要是引导大学生认同中国特色社会主义和中国梦。一直以来，这一教育内容由思想政治理论课独自完成，但是，产生的实际效果与大家的期望值产生一定的落差。所以，党和国家更加意识到了对大学生进行中国特色社会主义和中国梦教育的重要性，将中国特色社会主义和中国梦作为课程思政的一项重要内容来推进，其他各类课程也要在知识传授和能力培养的过程中渗透中国特色社会主义和中国梦要素，承担对大学生进行中国特色社会主义和中国梦教育的重任。这样一来，中国特色社会主义和中国梦成为其他各类课程的一项重要的思想政治教育资源，不仅使其他各类课程明确了政治性导向，而且为我国高校夯实社会主义方向提供了有力保证。

(三) 家国情怀教育

对新时代大学生进行家国情怀教育就是对其进行爱国主义教育。爱国主义教育是指对人们施加教育，使人们的爱国主义情感得到升华，成为一种自觉遵守的政治原则和道德规范。大学生思想政治教育工作是高校常抓不懈的经常性工作，爱国主义教育在大学生思想政治教育中占据重要地位，是思想政治教育的灵魂所在。爱国主义的本质是坚持爱国、爱党、爱社会主义高度统一。爱国、爱党、爱社会主义不是孤立存在的个体，而是构成一个相互依靠、相互支撑的整体，因此新时代爱国主义教育必须将爱国、爱党、爱社会主义教育统一起来。新时代大学生应高举"祖国统一、民族团结"的伟大旗帜，树立民族共同体意识，与其他各民族人民一道共建美好中国。爱国主义并不是闭关自守，而是要正确地看待爱国主义与对外开放的关系，在坚守民族性的同时面向世界，以推动世界和平发展为最高追求。

我国课程思政建设要求其他各类课程要在知识传授和能力培养的过程中渗透家国情怀要素，所有课程都要结合自身的课程特点对大学生进行爱国主义教育，使爱国主义教育成为所有课程的共识，共同为培养大学生的家国情怀贡献力量，成为新时代大学生爱国主义教育的新途径。

二、思想引领

从一定意义来看，个体的行为是在一定思想的指导下发生的，大学生思想观念的正确与否直接影响其行为的性质，因此思想引领是大学生思想政治教育的重要内容之一。课程思政改革是对大学生进行思想引领的有力举措，它要求专业课教师将社会主义核心价值观、中华优秀传统文化及宪法法治等要素寓于知识传授和能力培养之中，使学生在获得专业知识和提升专业技能的基础上，在思想上秉持社会主义核心价值观的价值追求，受到中华优秀传统文化的熏陶，树立宪法法治意识，从而提升隐形思想教育的实效性。

(一) 社会主义核心价值观教育

强化价值观教育是推动社会发展进步与个人成长成才的需要，价值观对于个体的健康成长具有重要的指导作用，所以新时代大学生的价值观是否正确直接影响其个性和良好德行的形成。但是，目前大学生价值观教育的效果不是令人十分满意，思想政治理论课的价值观教育与专业课的价值观教育出现了断层。因而，课程思政改革要求各门各类专业课程也要渗透价值观教育，将价值观教育寓于知识传授和能力培养之中，使教育对象在接受专业知识教育的同时，接受价值观的熏陶，凸显立德树人的根本任务。

高校的价值观教育应以人文主义为价值取向，引导新时代大学生正确认识个人价值与社会价值的关系，用正确的价值标准来看待自己的生命、生活、人生及社会的发展变化，正确看待社会的作用和认识人生的意义，尊重生命的存在和价值，塑造高尚的灵魂，形成坚定的信仰，养成关爱情怀和人文精神，做现代文明的建设者和接班人。把社会主义核心价值观教育渗透到其他各类课程中，是促进新时代大学生健康成长的必然要求。

改革开放多年，我国在经济领域取得重大进步的同时，文化领域出现了价值观多元化和多样化的趋势。市场经济体制下的东西方文化相互激荡、碰撞，新时代大学生不可避免地会产生价值困惑，在多样化的价值观中迷失自我。因此，把社会主义核心价值观渗透到其他各类课程中，不间断地对新时代大学生进行科学价值观教育，引导他们进行正确的价值选择，帮助他们解决个人价值与社会价值的冲突，提升他们的全面素质，增强他们对社会的认同感势在必行。将社会主义核心价值观的价值追求潜隐于高校所有课程中，解决部分大学生在价值上存在的困惑，是实现价值观教育最优化的必然选择。

思想政治理论课是大学生接受社会主义核心价值观教育的主要阵地，其他各门各类课程也是大学生接受社会主义核心价值观教育的重要场域——只是以往被忽视了而已。在专业知识传授过程中，专业课教师应将社会主义核心价值观与教学的重难点结合起来，在此基础上引导教育对象科学理性地分析当今社会出现的热点问题，对社会出现的复杂情况与多种文化思潮采取客观评价的态度，帮助新时代大学生从正确价值观的视角认识多种多样的社会意识及现象，弘扬文化领域的主旋律。因此，专业课程要凸显"价值向度"，专业课教师应优化课程设置、完善教学设计，力争打造一批综合性、学科交叉的新型课程群，找准本专业、本学科知识与社会主义核心价值观的联结点，引导大学生正确认识个人价值与社会价值的关系，从而在价值引领方面实现与思想政治理论课的同向同行。

（二）中华优秀传统文化教育

在我国课程思政建设中，对新时代大学生进行中华优秀传统文化教育，就是大力弘扬以爱国主义为核心的民族精神和以改革创新为核心的时代精神。一个国家的精神与其自身的物质生活条件息息相关，是在物质生活条件基础上发展起来的创造性意识活动的结晶，其形成经历了漫长的过程，它是中华民族在历史发展的长河中，在革命、建设和改革中所形成的具有中国本土特色、带有鲜明时代特征的稳定的精神品格。每一历史时代的经济生产以及必然由此产生的社会结构，是该时代政治的和精神的历史的基础。民族精神和时代精神是人们精神世界的航向标，新时代大学生是中国梦的实践者和见证者，弘扬、培育民族精神和时代精神是其必修课之一。

课堂教学是大学生接受民族精神和时代精神教育的主渠道，如何将讲仁爱、重民本、守诚信、崇正义、尚和合、求大同的思想精华和时代价值融入其他各门各类课程的专业知识教学中，对于促进高等院校育人工作的深入发展以及中国精神的弘扬和培育具有重要意义。在课程思政建设中，专业课教师将讲仁爱、重民本、守诚信等元素渗透到知识传授和能力培养之中，有利于增强新时代大学生的民族认同感；将崇正义、尚和合、求大同等元素渗透到知识传授和能力培养之中，有利于激发新时代大学生的开拓进取精神。

（三）宪法法治教育

法治意识是人们对法律的认可、崇尚与遵从，是关于法治的思想、知识和态度，全面依法治国是新时代中国特色社会主义的基本方略之一。我国课程思政建设要求专业课教师挖掘专业知识所蕴含的宪法法治元素，通过知识传授和能力培养，引导新时代大学生树立宪法法治意识。专业课教师透过专业知识内隐的宪法法治元素对大学生的宪法法治意识进行培养，就是要让大学生知晓社会主义法治国家建设的新理念；明确宪法是治国安邦的总章程，是人民权利的保证书；厘清权利与义务的关系，养成依法办事、依法行使权利、依法履行义务的习惯，使其成为课程教学价值表达的一部分，进而引导他们形成法治思维、树立法治意识。

在我国课程思政建设中，专业课教师在知识传授和能力培养的过程中培养大学生的宪法法治意识，能够使他们意识到法存在于人们的日常生活中，生活中处处有法，在遇到困难时，及时运用法律手段来维护自身的合法权益。同时，还能引导大学生心中有法、心中有国，做知识、做学问的目的是为国家、为人类谋福利，而不是滥用科研成果，为所欲为，甚至危害人民的生命财产安全。

三、道德熏陶

道德是以善恶来评价、依靠社会舆论和内心信念来实现的调整人们之间以及个人与社会之间关系的行为规范及其相应的心理意识和行为活动的总和。社会主义办学方向是我国高等教育的根本方向，所以，我国高校所培养的人是否具有较高的道德水平，直接关系到新时代中国特色社会主义伟大事业的成败和中华民族复兴目标能否实现。课程思政改革可以促进专业课教师将社会公德、职业道德、个人品德等元素渗透到专业课程中,从而实现对大学生的道德熏陶。

(一) 社会公德教育

社会公德是人们在社会交往和公共生活中应该遵守的行为准则,是社会成员之间最基本的社会关系秩序,也是大学生要遵守和践行的最基本的道德要求。社会公德主要调节三个向度的关系,分别是人与人、人与社会、人与自然的关系,因此扬善和惩恶是社会公德的两大功能。一方面,肯定、激励及弘扬一切对社会和个人生存、发展及完善起助推作用的思想和行为;另一方面,否定、驳斥及约束一切对社会和个人生存、发展及完善起阻碍作用的思想和行为。社会公德不仅是衡量一个社会文明程度的标尺,而且标志着一个国家综合素质的高低。作为未来社会建设的主力军,新时代大学生承载着民族复兴和国家繁荣的使命,其社会公德素质的高低不仅关乎个人的成长进步,而且直接影响国家的发展进步。因此,大学生的社会公德教育是我国高校育人工作的重要组成部分。

促进学生的全面发展是我国高校实施素质教育的目标,具体而言,就是不仅要教会学生如何行事,更要教会学生如何做人,要成为德才兼备的时代新人。德才兼备又是我国课程思政建设的目标,所以专业课教师在授课过程中将社会公德元素寓于知识传授和能力培养之中,有其必然性。专业课教师采掘专业知识背后蕴含的社会公德元素,对于促进大学生个体的健康成长以及社会的精神文明建设具有重要意义。

一方面,社会公德是新时代大学生思想道德素质的外在表现,并且愈来愈成为考量其综合素质的一项重要指标。将社会公德的基本要求渗透在专业课程中,能够为新时代大学生形成崇高的价值观起到积极的推动作用。

另一方面,精神文明是评价一个国家软实力的重要指标,而社会公德又是社会主义精神文明建设的题中之义,对新时代大学生进行社会公德教育,不仅有利于为国家未来建设培养具有良好德行的社会公民,而且能够借助一批又一批具有良好德行的社会公民来提升国家的软实力。由此可见,专业课教师通过勘探专业课程潜隐的社会公德元素对新时代大学生进行社会公德教育是十分必要的。

(二) 职业道德教育

职业道德是从业者在职业活动中应具有的道德观念、道德情操和道德品质及应遵循的道德行为规范的总称。新时代下,我国高等教育愈来愈呈现出大众化趋势,离开校园、走向社会的大学毕业生逐年增加。从整体上看,大学毕业生的职业道德状况是良好的,但也暴露出一些不足。虽然这些现象不是普遍性的存在，但也在一定程度上对大学毕业生的形象造成不好的影响，所以我国高校应高度重视这一问题，以人才培养质量为核心，加紧对新时代大学生进行职业道德教育。

长期以来，在我国高校，大学生的职业道德教育只是通过某一课程或某些课程有所体现，并没有通过所有课程普遍性地开展起来，部分专业课程存在只重视本专业知识和技能的学习，而忽视职业道德养成的现象。课堂是对大学生进行职业道德教育最正规的载体，所以我国课程思政建设要求其他课程挖掘潜在的思想政治教育元素，除了发挥知识传授的功能外，还要发挥育人功能，将职业道德的核心内涵渗透在知识传授和能力培养之中。专业课教师需教育引导学生深刻理解并自觉实践各行业的职业精神和职业规范，增强职业责任感，培养遵纪守法、爱岗敬业、无私奉献、诚实守信、公道办事、开拓创新的职业品格和行为习惯，从而实现职业道德教育的全课程化。

（三）个人品德教育

个人品德是指一定社会生产关系或阶级所要求的特定社会规范、道德原则在个人的思想和行为中的体现，是一个人在道德行为过程中所表现出来的比较稳定的心理特征和一贯的道德特点倾向，个体品德建设是公民道德建设的应有之义。大学生的个人品德如何，将对未来社会的发展质量及党和人民事业的兴衰成败产生重要影响。人才培养是一个不间断过程，只有环环相扣才能确保人才培养的质量，高校作为其中关键一环，如何提升大学生的个人品德，使其成长为德才兼备的新型人才是新时代我国高校面临的主要任务之一。

我国高校应转变重专业知识教育，不重个人品德教育的倾向，深刻分析知识教育与品德教育脱节的危害性，进而以立德树人为抓手推进知行合一教育，将大学生个人品德建设摆在突出位置。课程思政教育理念的提出使我国高校意识到通过挖掘专业课程的德育元素对大学生进行个人品德教育的重要性。专业课教师深挖自身所授课程的德育素材，将个人品德教育寓于专业知识和能力培养之中，立足于与个人品德相关的社会热点、难点、疑点问题，精化、深化个人品德培养目标，从而增强大学生德育的实效性。

第四节 课程思政协同创新的评价探索

评价是教学中一个非常重要的环节，课程思政的评价工作需要一套逻辑自洽、系统完备的评价细则，它不仅是对评价策略的改革，还需辅以对文件精神和理论意蕴的把握。

一、课程思政协同创新评价的认知

对课程思政协同创新的考评是对其运作情况的评价,能够反映出在运作过程中存在的问题,可以帮助各部门进行调整。而想要做好课程思政协同创新的评价,重要的是建立科学的指标体系及其权重,这是进行量化考评的直接依据,涉及考评活动的质量。

(一)课程思政协同创新评价的界定与特征

1. 课程思政协同创新评价的界定

课程是高校教育教学中最基本的单元,课程的水平和效果直接影响人才培养的水平和质量,对课程进行评价是课程实现教育目标的保证。课程评价是对课程进行价值评价的过程,也就是以一定的价值标准对课程设计、实施过程及其结果等有关问题的价值或特性做出判断的过程。课程思政协同的载体是课程,因此属于课程评价中的一种,由于思想政治教育的融入,其课程评价有鲜明的特点。

课程评价具有导向、诊断、激励、调节功能。①导向功能主要体现在课程评价是依据课程目标的标准进行评价的,这个标准就是指向灯,通过评价明确课程实际的教学活动和目标之间的距离。课程思政协同中的课程评价的总目标体现为课程思政是否能与思政课程相辅相成、同向同行,形成立德树人教育的两翼平衡的教学格局,这是开展课程思政教育教学改革的出发点和落脚点。②诊断功能体现在通过课程评价发现课程实施过程中的不足并以此作为调整和改进的依据。课程思政协同中的课程评价是及时发现课程在设计和实施中的优势和不足,有针对性地扬长避短,使课程思政的内容能够达到精准融入。③激励功能主要体现在对教育者和受教育者的双向激励、教学互长的影响。课程思政协同中的课程评价激励教育者能花费更多精力、投入更多资源在课程中进行思想政治教育,更有成就感,激励受教育者为取得良好的评价结果而努力。④调节功能主要体现在根据诊断的结果进行调整,使教育活动更好地开展。课程思政协同中的课程评价的调节会使教育者不断调整教学计划和方式,尽可能追赶或达成既定目标。

如果将课程思政协同创新的开展看作一个过程,可以将其评价分为诊断性评价、过程性评价和终结性评价。①诊断性评价就是在开展课程思政之前进行预测性评价,对教育对象的分析、对教材的选用、对教学大纲中思想政治教育内容的融入、对教学方法的采用,对此进行一定的评估,使课程的设计与实施更适合现实的需要,目的是为课程的实施做准备。②过程性评价就是课程思政在实施过程中对教育对象关于价值引导的反馈、接受程度等动态状况进行系统评价,并据此不断修正和改进,提高课程思政的教学质量和教育对象的学习效果。③终结性评价是在课程思政教学活动结束时，通过教育对象的成绩以及他们对课程、教师的评价来判断教学效果与预期目标的实现程度，并为下一步的教育教学活动的改进提供依据。

2. 课程思政协同创新评价的特征

课程思政协同创新具有明显的思政教育的内在性、课程教育的外在性和协同教育的整体性，因此课程思政协同创新评价主要有以下特征表现。

（1）从评价目标看，与思想政治理论课课程目标指向的是思想政治理论知识不同，课程思政协同创新指向的目标是通过承载着思想政治教育元素的专业知识教育，渗透式地将情感、态度、价值观等深层次的内容传导给学生，具有隐蔽性和复杂性。隐蔽性是因为不以直接灌输的方式而是发掘专业课程背后的育人资源，复杂性是因为价值的传输必须以教育对象接受并内化为最终目标，而价值传输的时机、内容、方式是否恰当会影响育人效果。

（2）从评价内容看，思想政治理论课评价内容是对思想理论、道德认知、政治立场的理性判断，通常以考核成绩作为评判指标，具体且较为客观。课程思政协同创新评价指向的是心理、思想和精神层面等方面，很难通过考核成绩体现出来，更多的是在课程开展的潜移默化中观察教育对象认知、情感、态度、意志、行为等方面的变化，甚至这个影响可能当时体现不出来，而是在教育对象人生中某一个事件某一次反应中显现。

（3）从评价过程看，课程思政协同创新是一种潜在的育人关系，当教育者在课程中主动融入思想政治教育元素的时候，课程就成为一种载体，承载着思想政治教育的内容并发挥作用，对于隐性的思想政治教育的评价往往就是在课程实施过程中的评价，使课程思政与教育对象之间的潜在关系变为现实的互动关系。

（4）从评价结果看，思想政治理论课的评价结果是具体的客观的，课程思政协同创新的评价会出现非确定性和模糊性，即使通过一系列的测量和评价，也非常难以确定是否是思想政治教育元素在其中发挥的效果，因为能够影响人的情感和价值观形成的因素多样而又微妙。

（5）从评价系统看，思想政治理论课的评价是比较单一的，一般只围绕课程开展进行评价，而课程思政协同创新则代表要对整个系统进行评价，绝不仅仅是评价一门课程的好坏，也不是仅仅评价某个教师授课的优劣，而是要评价各要素在课程思政协同创新开展过程中发挥的作用。

（二）课程思政协同创新评价的内容与环节

1. 课程思政协同创新评价的内容

课程思政协同创新评价取决于一个关键过程、两个核心要素和一个保障，一个关键过程是指对教学过程的评价，两个核心要素即对教师教学工作的评价、对学生学习效果的评价，一个保障是指对协同合作的评价。

（1）对教学过程的评价。教学过程影响课程质量效果，教学过程是否顺利开展是保障教学效果、影响课程质量的前提，主要包含了教学内容、教学方法和课程资源以及课程考核。

教学内容的专业性很强，其设置要尊重和立足于课程的学科知识体系，提炼出紧扣时代发展和学生关注的思想政治教育元素的内容，强调实效性、知识性与趣味性，做好融入。对教学内容的评价不仅要有课程的理论知识、技能方法，还要引入学科最新研究成果，融入专业学科的价值导向，明晰市场定位和国家要求等，因此教学内容要重难点突出，分配平衡。

教学方法是多样的，除了满足知识与能力目标要求外，还要看是否有助于达成价值引领目标的教学方法。教师要根据不同情境采取多样而有效的教学方法，调动学生的积极性，注重教学互动，注重培养学生的历史唯物主义和辩证唯物主义思维。对教学方法的评价，除了要判断教师是否使用了现代化的教学手段，是否采取了案例教学、现场教学、讨论式教学、慕课教学等多种激发学生兴趣的教学方法，还要判断学生参与教学活动的有效性，是否能实现从参与到体验再到领悟和提高。

课程资源就是课程的教学资源，包含了教案、教材、教学设施等内容，是完成教学任务、实现教学目标的必不可少的条件。例如，音像资料、新闻政策、教学软件、教学实验设备等都属于教学资源，这些如同配料，加入课程教学的主菜后，会使教学的丰富程度提高，学生更容易理解教学内容。在课程思政协同创新开展过程中，有众多学校开设课程资源库，主动为教师提供课程资源，尤其是思想政治教育资源，使教师能正确、方便选取、使用教学资源，文图表搭配得当，实验设备具有较高水平，教学环境贴合，提高教学质量水平。

课程考核是检验学生掌握的程度，检查教师的教学水平。课程思政中的课程考核不是直接像思想政治理论课那样考核思想政治教育题目，而是建立在专业课程考核的基础之上，融入课程考核之中，考核要体现出学生掌握、运用知识的能力和能力背后的价值态度，而非仅仅是死记硬背的知识。考卷可以作为量化的指标对学生学习效果进行评价，考卷中涵盖着对与课程相关的价值态度的考查。同时，课程考核的形式也不仅仅局限在考卷中，还可以体现在学习成果中，比如，探究课程的学习、调查报告等，另外课内外相关的完成学习任务的行为表现也可以作为考核的形式之一。

学校对课程思政进行教学过程评价时，要明确设置指标体系，布置思政任务，并以此对标过程中是否都已经执行教学要求。指标体系要体现在方方面面，如学生评教中、督导评价中、同行评教中等，建构多层次的评价体系，细化对教学过程的测量，从单一的专业课教学的评价维度，向人文素质、师德行为规范等多维度延伸，有意识地促进教师育人意识的提升和育人能力的成长。

（2）对教师教学工作的评价。教师素养决定教学质量高低。教师是课程实施者，大到立德树人的使命，小到知识点的教授，都是依靠教师落实和延伸的。教师的道德修养、知识结构和能力水平是最基本的专业素养。

道德修养主要是师德，也就是教师的职业道德。教师对教育事业的倾情奉献，对学生的负责态度，对自己的严格要求，都能够为学生树立榜样。只有教师的"三观正"，他在开展课程思政的时候，才能援引那些正确的信息，向学生正确分析热点事件，分析国家政策，引导学生正确看待中国与世界。

知识结构是教师对所授课程及课程所属专业、学科的专业知识。能够将正确、有效、前沿的知识传授给学生，这是学生评价一个教师是不是有真水平的重要标准。如果脱离了知识的传授，单纯去进行价值引领，教师也不会得到学生的认可。

能力水平是教师将知识、价值观等纳入课堂中并开展有效教学的素质，这体现了教师的课堂管理、调控能力，需要教师善于营造课堂氛围，启发学生思考与讨论。对专业课教师的教学评价必须将教学和育人紧密结合，鼓励教师将思想政治教育元素融入专业课教学、课改实验、研究性学习等课程建设中，明确价值引领在教师教学评价中的核心地位。

（3）对学生学习效果的评价。课程思政的学习效果评价分为思想道德品质、日常行为、规范遵守等方面，但这些又是最难衡量的，如果单纯通过日常的笔试考核，一般很难看出成效，因此在考核方法上应打破传统课程考试单纯的知识记忆方式，选择小组合作、学习报告、论文写作等方式，对学生的知识、能力、价值观等方面进行定性和定量考核。

在考核内容上，根据不同专业课性质和教学目标，设定不同的考核重点。如人文社会学科可增加社会热点、社会责任感等考核内容，艺术学科可以增加中国传统文化传承、文化自信等考核指标，自然学科可增加科学探索精神、工匠精神等考核方向，医学类学科可以增加医学伦理、医患关系等考核要点，财经类学科可以增加诚信合作、遵纪守法、廉洁奉公等考核标准。教师应更有针对性、有区别地进行学情分析、学生考核，关注学生的世界观、人生观和价值观的确立。

（4）对协同合作的评价。课程思政协同创新是一个系统，在系统从无序变为有序的过程中，众多变量在不同阶段发挥着不同的作用，而且这些变量是有规律可循的，有其特定的规则来实现。对推动课程思政协同创新来说，通过对协同合作进行评价，有利于促进各变量的开放发展，尤其是各部门、各要素之间打破障碍，建立良好的交流机制和协同机制。

对各部门所制定的协同发展的战略规划的评价，可以很好地明确各部门发展目标，增强协同工作中的凝聚力和向心力；对协同创新中不同阶段的重点进行评价，可以督促各部门配备相应的资源和条件，进而为推动协同创新提供组织、物质和人员保障；对协同创新中的参与人员的职责进行评价，可以有力提升部门和人员工作水平，明确有关激励和奖惩措施。

2. 课程思政协同创新评价的环节

课程思政协同创新评价的环节主要包括评价准备、评价机制、评价内容、评价方法和评价结果。课程思政协同创新的评价不等同于课程评价，关键是评价是否体现课程思政的教学目标。

评价准备要有制度、有具体责任人能对课程思政评价进行把关，也就是说应该有具体的评价机制、评价内容、评价方法等，让课程思政的实施主体有据可循，在其完成课程思政教学时，能够对照标准进行自评和他评。

评价机制关系到导向是否正确，评价标准是否科学，方法是否多元，过程是否规范，结果是否客观，评价信息的收集、整理、分析、反馈和改进是否完整。

评价内容应包括课程思政目标达成情况，教学方法与课程考核是否合理，学生学习效果是否有效，重点在于不仅考核学生知识掌握，还要考核学生内隐的价值选择和行为习惯等。

评价方法要合理、具有可操作性，实施多元主体参与评价的方式，以定性和定量相结合的办法，分析课程思政目标达成情况。

评价结果能有效运用于教育教学改革，优化课程体系，正确引导学生的价值观。

二、课程思政协同创新评价指标体系构建

（一）课程思政协同创新评价指标体系的设置依据

设计指标体系要依据课程思政协同创新的概念和目标，但由于概念和目标的高度抽象

性和概括性，无法直接用于考评，因此必须把抽象的目标按照不同的要素进行分解，使之具体可操作。可以说指标是目标的具体化，但任何一项单向的指标反映的只是目标的一方面，只有系统化、具有紧密相关性的多项指标聚合在一起，成为一个指标体系，才能完整地反映目标。对于课程思政协同创新的考评，如果只测评课程教学，那就成为单纯的课程质量评价；如果抛开课程只测评思想政治教育元素的融入，那无疑是毫无意义的；如果仅对课程思政进行测评，就无法把握整个学校系统对课程思政的推进情况，也就无从谈起协同创新了。在指标体系的设计中，必须反映科学性与合理性，才能提高指标体系的整体质量。

第一，指标体系与目标的一致性。指标体系要始终保持与目标的要求和方向的一致性，在课程思政协同创新评价中，必须时刻以立德树人总目标作为引领，绝不能使指标游离于目标之外。这种一致性还体现在不能把两项矛盾的指标放在同一体系内，否则会造成考评的无法进行。

第二，指标体系内各项指标应具有相互独立性。在同一层次中各项指标必须相互不重复、不表现为因果关系，不能从一项指标推到另一项指标。否则，会无形中加大重复指标的权重，重复考评，影响考评的科学性。

第三，指标体系应具有整体完备性。不能遗漏任何一个重要指标，使指标体系能全面系统反映总目标，保证指标有逻辑地开展。

第四，指标体系应具有可测性。指标作为目标的具体化，它所反映的目标是能通过测量得到较为明确的结论的。虽然课程思政中思想政治教育的融入是一种潜移默化的影响，很难量化，但总是能够通过行为在一定程度上体现出来，实现量化。

第五，指标体系应具有可比性。指标体系必须反映被考评对象的共同属性，从而使考评结果可以在不同的考评对象中间进行科学比较。

第六，指标体系应具有可接受性。指标体系必须最后受到学生的认可和接受才是可行的，如果制定的课程思政协同创新评价的指标体系脱离学生实际，那就完全脱离了开展课程思政协同创新的目标。

（二）课程思政协同创新评价指标体系的建设要点

课程思政评价体系建设必须始终"坚持以学生为中心"，重点解决好评价活动组织、评价标准构建和评价方法体系三方面的问题。

1. 课程思政评价的活动组织

课程思政评价体系建设，应从学生视角、教学视角和课程视角三方面展开。

(1) 学生思想政治素养发展评价的主体及评价活动的组织。学生思想政治素养发展评价即评学，其主体包括任课教师、学生、思政课程教师、辅导员、导师（含学业导师）等。就组织形式而言，任课教师评价应参照课程思政评价标准、教学目标等，以常态性评价、阶段性评价、总结性评价为主要形式。其中常态性评价主要指基于每次课堂教学的评价，这种评价更多地用于向学生提供反馈和为教师教学反思提供材料；阶段性评价和总结性评价主要是期中和期末的评价。学生自评和学生同伴评价（互评）可于期中或期末举行——这种评价往往能够真实反映课程思政对学生的思想启迪和价值引领程度；思政课程教师、辅导员、导师（含学业导师）的评价可于期末开展——这种评价更为关注学生的言、行。

(2) 课程思政教学评价主体及评价活动的组织。课程思政教学评价主体应包括任课教师、课程思政首席教师、专业首席教师、思政课程教师、教学管理人员、学生，也可邀请课程与教学、课程思政、思政课程、教学管理等领域的专家参与。此外，也可由第三方进行评价，既可以是任课教师自评，也可以由具体课程的首席专家、课程思政专业（学科）负责人、教学管理部门、学会或研究会等组织评价。就评价形式来看，任课教师的教学评价可基于每次教学进行评价（反思）或基于完整的课程教学过程进行自评，而由其他主体发起的评价则为非常态性的，既可以采取学期评价，也可对单次教学进行评价（教学观察）。

(3) 以课程为单元的课程思政评价及评价活动的组织。课程评价的主体与教学评价的主体基本一致，但在评价活动的形式上，则可以采取集体评价的形式，立足于课程与教学过程材料的评价，结合教学视频、学生评学结果，形成综合评价结果及优化建议。这种评价既可以由具体课程的首席专家、课程思政专业（学科）负责人、教学管理部门、学会或研究会等组织进行，也可以由上述组织邀请思政课程、课程思政、课程与教学等领域的专家组成的第三方进行。

2. 课程思政评价的标准构建

课程思政评价标准应实现对课程思政各要素的系统关注，并凸显以下特征。

(1) 凸显建设性要求的课程思政（以课程为单元）评价标准。该标准应覆盖课程思政的目标、材料、实施等维度：课程思政目标可实现和可评价程度，是否以及多大程度上符合学情，是否符合专业课程思政群的要求（逻辑），课程思政元素挖掘与提炼的科学程度，课程思政内容供给是否合理（符合学生需求），课程思政教学组织形式的适切性，课程思政实施方法与模式的科学性，等等。基于上述维度的课程思政评价标准应突出核心观察点和分级细则，以便于后续进一步优化。

（2）凸显形成性的课程思政教学评价标准。课程思政课堂教学的评价标准应包含教学目标、思政内容、教学模式与方法、教学管理与评价、教学效果、教学材料（资源）、教师教学行为与素养等维度。凸显形成性的课程思政教学评价应侧重揭示教学现状与理想目标之间的距离，发现其中存在的问题并分析其成因。课程思政教学标准应侧重对教学的检视，具体观察点在实现程度上与理想目标的距离有多远、如何对标改进。

（3）凸显发展性的学生思想政治素养发展标准。学生思想政治素养发展评价应基于专业角度，分两个层面从两个维度设立标准。所谓两个层面，是指基于课堂教学的实时评价和基于课程的阶段性评价。所谓两个维度，是指评价标准要涵盖学生对思想政治教育元素的认知、基于专业角度对思想政治教育知识的运用（能力）。而发展性则体现在对上述两个维度的发展采取分级描述，以便于评价者明确学生思想政治素养各维度的发展情况，并基于反思等手段改进课程与教学，优化学生的学习体验和提高学生的学习效果。

3. 课程思政评价的方法体系

与评价对象相对应，课程思政评价的方法体系主要包括学生思想政治素养发展评价方法、课程思政教学评价方法和以课程为单元的课程思政评价方法。

（1）学生思想政治素养发展评价方法。学生思想政治素养的发展是思政课程的核心目标之一。评价学生的思想政治素养主要集中在对学生个体的思政素养水平进行测定，可以通过分析学生的论文、演讲、项目作品等，可以了解他们的思政素养发展情况，还可以通过课程中的考试和测验可以用来评估学生对思政内容的掌握程度。

（2）课程思政教学评价的方法。教学评价的方法分为自评和他评两种模式：自评既可基于单次课堂教学，也可基于课程教学全过程；他评则可分为组织层面（或委托第三方）评价、同行评价、学生评价，具体方法有课程思政教学档案查阅法、问卷调查法、（教师、学生）座谈会、教学观察法等。

（3）以课程为单元的课程思政评价方法。与课程思政教学评价类似，基于课程的评价可以采用课程档案查阅法、问卷调查法、（教师、学生）座谈会、专家座谈会等方法。

（三）课程思政协同创新评价指标体系的施行策略

课程思政评价力求系统探析学生基于专业角度的思想政治素养发展状态、轨迹及存在的问题（课程思政之"学"的情况），洞察课程思政教学设计、实施、支持、效能等方面的具体情况及存在的问题（课程思政之"教"），揭示课程思政在目标设计、内容供给、制度机制等方面的情况及存在问题，进而实现以评促建、以评促改、以评促发展的目标。

1. 课程思政"学"的评价

学生的"学"（思想政治素养发展）是一个循序渐进的过程，也是一个增值的过程，它综合体现在学生的知识层面、思想层面和能力层面。建立起能综合体现"过程性""增值性"和"综合性"特征的评价模式，系统明晰评价的观察点，科学设计评价程序，立体呈现评价结果，是学生"学"的评价的关键问题。

（1）融目标模式（GAT模式）和过程模式（CIPP模式）为一体的学生思想政治素养发展评价模式（CIPP+GAT模式）。GAT模式和CIPP模式皆为课程评价模式，两者落脚点皆在于学生发展，前者重在评价学生行为实际发生变化的程度（"增值"）以及与预设目标的距离，后者侧重发展的过程性。前者的不足在于缺乏对学生思想政治素养发展过程的全面呈现，后者的不足在于缺乏与预设目标的比对以至于难以科学揭示目标的实现程度。而采取CIPP+GAT模式，则能够全方位揭示学生思想政治素养发展的过程、增值程度及预设目标的实现程度。

（2）评价观察点的选择。就学生对课程的思想政治教育元素的认知而言，其观察点应包括对思想政治教育元素内容的了解、基于专业角度对思想政治教育元素的理解；就学生思想层面发展而言，其观察点应包括学生的言论（含基于各种载体或媒介的观点性表达）、行为（主要为具有态度倾向性和蕴含价值选择的行为），学生的言行无疑折射出其思想和价值观发展情况，而部分基于专业角度或与专业密切关联的言行则能折射出课程思政对其进行思想启迪与价值引领的程度；就学生对思想政治教育元素的运用能力而言，主要观察点为学生基于专业角度运用思想政治教育知识的判断能力、分析能力，采取的态度和行动，等等。

（3）评价的具体程序。从课程角度来看，学生思想发展评价分为：背景评价或前测（了解学生发展程度、需求等）—课程思政目标设计—课程实施过程中学生思想政治素养发展材料收集（与评价）—后测。从单次教学来看，主要分为（前次课）学生思想发展情况（表现）评价—教学目标设计（形成教学案）—教学实施—学生表现、评价与反馈。

（4）评价结果的呈现。学生发展评价应该以过程性评价为主，以结果性评价为辅。过程性评价更注重形成性，即以形成性评价方式呈现，注重对学生发展的描述，客观反映课程思政教学中知识传授与思想启迪、价值引领的结合程度，以科学评价提升教学效果，以凸显产出导向和持续改进导向。

2. 课程思政"教"的评价

课程思政教学评价的主要目的在于通过评价，帮助教师基于学生思想发展这一核心，对教学过程进行反思、改进，以保证将课程思政融入课堂教学建设全过程，更有效地激发学生学习兴趣、提升学生获得感。

（1）课程思政教学的评价模式。课程思政教学在于实现对学生思想的启迪与价值引领，这就决定了它与一般意义上的教学评价有所不同。启迪和引领是一个动态的过程，而启迪与引领的实现程度则是一个相对可衡量和可描述的产出。在评价模式上，应采取"文本评价+教学观察+客户评价"模式。该模式中，三个部分分别立足于不同角度，其中文本评价是对包括课堂教学设计（教案）、材料与思想政治教育问题的开发（深度、难度）、成果（学生作业或课堂记录）、教学反思等在内的系统评价，凸显了对教学内在逻辑尤其是教学目标实现程度以及影响因素的关注；而教学观察则解决了文本评价中的过程性缺失的问题，实现对教学过程动态而系统的关注；客户评价则站在学生的体验感和获得感角度，对课程思政教学进行评价。三者的有机结合，实现了对课程思政教学过程全貌的科学评价。

（2）课程思政教学的观察点。就文本评价而言，主要观察点为教案（含配套音视频）、教学材料（围绕思想政治教育元素的材料）、学生表现性材料（作业、发言与互动记录、教师课堂评价）、教学反思等。就教学观察而言，思想政治教育元素的融入方式与程度、师生互动、学生表现（兴趣激发与主体调动程度）、参与度、课堂教学管理（教师的评价与反馈等）、教学方法的适切性及创新性、教师的课程思政教学素养等。就客户评价而言，主要观察点为学生思想政治素养各维度发展（获得感）、思想政治教育元素设置的挑战度、对课堂教学中兴趣激发及主体性调动程度（体验度）、教学材料与资源支持、教师教学素养、材料与教学资源支持等。

（3）课程思政教学评价程序与关注点。课程思政教学的评价，应立足文本评价和教学观察（同样需要部分教学文本支持）并辅之以客户评价。因此，在程序上应该以文本评价为起点。就关注点而言，主要包括：是否结合不同课程特点、思维方法和价值理念，将思想政治教育目标与具体课程结合起来，形成特色课程思政教学目标；课堂教学互动是否高效并有助于提升思想政治教育进入学生精神世界的效能；教学模式与方法选取上，能否让课堂有温度、亲和力和感染力，使思想政治教育学习过程更愉悦，使课堂发挥最佳育人效果。

3. 以"课程"为单元的课程思政评价

以课程为单元的课程思政评价有三个维度，分别为反思教学角度、专业课程思政群角度和课程思政与思政课程协同角度的评价。

（1）基于反思教学角度的课程思政评价。评价主要指向课程思政的目标设计、内容供给、教学组织与实施等方面。就课程目标而言，观察点主要包括：目标是否清晰和具体、是否充分考虑学情（学生在思想政治教育方面的学习基础、兴趣与学习习惯等）、挑战性（难度）、是否有利于学生思想政治素养的进阶式发展、是否与课程紧密相关。就课程材料评价而言，观察点在于：课程教学材料开发是否符合内容供给要求、材料是否具有体系性、思想政治教育主题析取和问题开发能否服务于课程思政目标要求等。而课程思政教学组织与实施方面则涉及以下问题：课程思政内容与课程形式（活动课、研讨课、实践课等）的匹配度、教学模式与课程思政教学要求的匹配度、评价机制与课程目标及内容的匹配度等。

（2）基于专业课程思政群角度的课程思政评价。从系统角度来看，专业课程群内部在课程思政目标设置、内容分布上，也根据课程内容、特征而设，并在整体课程上体现出思想政治教育的进阶性、层次性和系统性。基于系统角度的评价，观察点在于：课程思政的目标是否符合专业课程群的部署、具体目标维度上是否符合层次性要求（如其他课程在同一目标维度上是否与本目标呈现具有内在的层进性）；课程思政的内容供给是否符合专业课程群的要求，是否与其他课程保持良好的连续性和一致性；课程思政在设计上与专业课程自身的协调性、协同性。

（3）基于课程思政与思政课程协同角度的评价。课程思政与思政课程同向同行的评价分为三个维度——专业课程思政群与思政课程群的协同角度、单体课程思政与已修思政课程的关联角度、单体课程思政与同步思政课程的协同角度，观察点主要在于思想政治教育目标设计、内容、教学组织的协同性。

三、课程思政协同创新评价体系完善策略

（一）构建课程思政协同创新评价长效机制

实施课程思政协同创新的评价，是课程思政协同创新的重要内容，但评价的目的不是评价，而是着眼以立德树人为根本的人才培养。十年树木，百年树人，育人是一个循序渐进且永不停歇的过程，不可能在一门两门课后甚至一年两年后就能看出显著成效。或许可以在某一门课程结束后，学生的思想政治素养有了明显提升，但这样的提升是短暂的，需要后续课程协同跟得上，才能保持住并继续向上提升。高校必须构建评价的长效机制，推动课程与思政的结合、课程思政与协同的结合，从而推动教书与育人的结合，这样的评价才能真正促进课程思政协同创新长远发展。

第一，在思想上明确为何要开展课程思政协同创新评价。在现实工作中，常常出现很

多为了评价而评价的现象，归根结底就是评价指标设置的起点和重点没有一以贯之。不论是课程思政协同创新的推动者还是课程思政协同创新的评价，都理应从立德树人这个根本任务出发，最终实现的是各门课程、专业、学科以及教师都能自觉主动融入思想政治教育，使学生在吸收和学习知识与能力的同时，也收获正确的价值观。

第二，在内容上明确课程思政协同创新评价的是什么。科学合理的评价指标能够保证课程思政协同创新的可持续性，能够指明发展的前进方向。在访谈中，有教师表示对课程思政协同创新的评价不要做过多的定量的内容，这是因为人才的培养，尤其是还对人才的思想政治素养有明确要求的培养是很难通过一次衡量就下定论的。课程思政协同创新的评价也可以参考学生、毕业学生的雇主的视角来评价。课程思政协同创新的评价要注意发展性的问题，课程思政教育教学改革是长期发展的过程，在这个过程中，对课程的要求、思想政治教育元素的与时俱进等都应该尽可能把握，在适当的时候加以调整。

第三，在方法上明确课程思政协同创新怎么评。评价不仅要考虑过去，重视现在，更要着眼于未来。尤其对课程思政协同创新这一项长期系统工程来说，更要突出发展性评价，甚至可以对学生毕业后进行追踪调查，观测学生在社会中所呈现的状态是否能反映课程思政协同创新的推动。这种发展性评价可以避免出现急功近利的思想，有助于课程思政协同创新的长期发展。

（二）提高以指标为参考的课程思政质量

1. 提高教师的素养

（1）提高教师的职业道德修养。通常来说，教师的职业道德修养包含着教育观念、情感、作风等，在课程思政协同创新中，必须将教师的理想信念教育作为教师职业道德修养建设的首位。教师应树立和端正正确的职业观，保证讲台有纪律，将正确的价值观传输给学生。没有这个前提，教师的职业道德修养就不可能在正确的方向和轨道上，也就会严重影响学生价值观的形成。

（2）提高教学认知水平和能力。有德还要有才，教师必须具备授课相关的文化知识，并有能力将其传授给学生。因此，教师要不断提高学习意识和能力，注重将学术前沿知识引入教学中，能根据学生的成长规律和特点，吸引学生的注意，驾驭课堂，使课程教学有序开展。

2. 加强教学的过程

（1）制定教学目标和教学大纲。教学目标和大纲都是计划性的，要在课程开展前做好准备。教学目标代表着课程所要实现的目标，大纲就是将这一目标分解到不同周次中去，以通过一段时间的学习，完成教学目标。课程思政协同创新中，教学目标和教学大纲的制定非常重要。对教师来说，要明确学科背景和专业设置的原因，结合两者制定课程所应实现的目标。将课程目标分解到大纲中去，再返回来思考大纲中的计划是否能实现整个课程目标。在其中，价值引领目标必须一以贯之，不能出现断裂或者交错。

（2）优化教学内容和教学方法。教学内容的设计必须满足教学目标的要求，并随着时代的变化和社会的需要而发展。课程思政协同创新的开展很大程度上是落实在教学内容上的，在教学内容中融入思想政治教育尤其要注意它的正确性、恰当性，不可以随意融入。思想政治教育元素的融入也更需要教学方法的改进，只有适宜的、渗透式的教学方法，才能使思想政治教育成功融入课程中，也能使学生充分接收，提高教学效果。

（3）重视教材选用和课程资源。课程所选用的教材是影响教学效果的直接因素，必须选择与课程思政协同创新要求一致且能突出专业特色的教材。课程思政资源是提高教学效果的辅助因素，也是不可或缺的。像多媒体技术、网络技术等都可以作为课程资源纳入使用，最大限度发挥课程思政资源的作用。

（4）创新考核内容和方式。加大对价值导向方面的考核，观测学生课程前后对课程所蕴含的价值理念的认同度和接受度。考核的方式可以多种多样，例如，社会调查、实践考察等，起到真正检验学生学习效果的目的。

3. 重视学生的感受

在多元文化冲突和开放经济体制下，要帮助学生进行价值取向和价值体系的建立，要用先进的、高尚的价值体系和思想理论影响他们，要用道德、公正、责任等指引他们，使其树立坚定的理想信念，锤炼高尚的道德情操，培养健全的情感人格，构建丰满美好的精神世界，创造丰富多彩的美丽人生。

这个目标不是要培养一模一样的人，反而是要培养自由而全面发展的人。因此，学生的差异性要求课程思政协同创新的推进要尽可能兼顾到不同学生的特点，尊重学生在价值选择上的权利，引导但不替代，培养具有鲜活个性的个体。

（三）推进课程思政育人的协同建设工作

1. 领导与导向的协同建设工作

（1）健全校院各级组织领导机制。组织领导机制在课程思政协同创新的执行、协同等方面都起着重要的作用，既需要校级层面宏观性、顶层设计的组织领导，也需要院级、各部门层面的具体推行的组织领导,形成教书育人的良好工作格局,调动一线教职员工的主动性和积极性。

(2) 确立目标定位,完善导向平台。只有明确目标,才能减少课程思政协同创新的盲目性和懈怠性,使各要素、各资源有效配置,使活动的开展围绕着课程思政协同创新。在这个目标中,要明确思想导向,也就是保障政治导向的正确性,为培养中国特色社会主义事业的建设者和接班人保驾护航,团结带动一大批教师和学生树立共产主义理想信念。

2. 运行与监督的协同建设工作

(1) 完善运行机制。主要包括完善发起阶段、执行阶段和监管调控阶段的运行机制。学校党委是课程思政协同创新运行机制发起阶段的主体,根据相关文件精神,制订全校课程思政协同创新的年度计划,各部门应在学校党委的领导下开展课程思政协同创新工作。教师工作部、教务处、宣传部、学工部门、二级学院等课程思政协同创新的具体执行部门,在学校党委的领导下,开展课程思政协同创新的教学、实践工作等。各部门应根据学校提出的任务目标,结合本学院实际,制定完善各类规章制度等。相关的监督调控部门要定期对各部门开展的课程思政协同创新工作进行督导和检查,并对实际开展情况以及制度政策贯彻落实情况进行指导。

(2) 建立各部门之间的沟通协调平台。建立学科间的联动与渗透平台,思想政治教育元素的融入是可以跨学科的,各学科都负有教书育人的职责,应在课程教学过程中渗透正确、健康的价值观念,积极引导学生。建立起教学与管理的联动平台,树立"大思政"观,各部门配合教学工作,把教育的目标从知识型提升为知识、能力、价值观合一型,从片面型转化为全面性。建立起学校同社会的协同平台,建立广泛的互助合作平台,将校外社会组织、专家等引入校园,积极组织学生参观考察社会各类场所,使学生在了解社会中提高认识。

(3) 优化各要素之间的有效整合。课程思政协同创新的有效性指各要素的相互联系及开展的整合作用,也是为了解决思想政治工作"各自为政"的现象,形成合力。构建一个良好的整合机制,十分有利于课程思政协同运行机制、理念与制度之间的有效结合。

3. 教育与接受的协同建设工作

(1) 注重教学与接受机制协同。教学机制的效果取决于接受机制,这是因为课程思政协同创新中教学过程和接受过程是统一的,必须承认教育中的"双主体"地位,即教学的主体和学习的主体,根据学生的接受能力、思想特点等来设计教学过程。课堂教学要激发学生的探索性和能动性,运用不同沟通方式,在思维方式和方法上积极引导学生深入探讨。教师要充分发挥权威引导作用，坚持课程思政的目标，使课堂的各要素进行整合。从动态角度把教学、接受、反馈结合起来，形成不断往复的良性循环。

（2）注重教书与育人机制协同。完善教书与育人的协同，要从课程本质入手。任何课程所采用的教学模式都不应该是主观随意的选择，而要与教学目标、教学内容、受教育对象等要素相契合。教育的本质归根结底是一种价值观的教育，衡量其有效性要看教育者所传递的价值是否内化为受教育者的自主认知并自觉践行。因此，从丰富课堂内容、选择多样教学方式、注重社会实践等方面加强教书与育人的结合，使同学生进行有效沟通和互动，逐步塑造充实学生思想政治素养的主体结构。

第四章 课程思政的建设实践与优化

第一节 重视课程思政建设的顶层设计

一、高校党委的领航工作

在全面贯彻全国高校思想政治工作会议精神，积极深化高等教育改革的进程中，课程思政改革按照办好中国特色社会主义大学，要坚持立德树人，把培育践行社会主义核心价值观融入教书育人全过程的根本要求，将学科资源、学术资源转化为育人资源，真正实现"知识传授"和"价值引领"的有机统一，努力构建立体化育人模式。随着改革进程的持续推进，各种深层次的理论与实践问题也不断进入认识视野，其中最为关键的当数高校党委如何定位和践行主体责任的问题。

（一）高校党委明确主体责任的重要性

课程思政改革着眼于新形势下提升高校思想政治教育的水平和层次，是贯彻全程育人和全方位育人方针的必然选择。高校党委担负着办学治校的主体责任，当然内在地包含着思想政治工作的主体责任。只有强化党委的集中统一领导，才能激发行政系统和其他各级组织的积极性和主动性，形成有效合力共同推动思想政治工作。推进课程思政改革，就是要通过科学的制度设计和机制激励，探索课程思政的可复制可推广路径。

第一，高校党委作为思想政治工作改革主体，以全国高校思想政治工作会议精神为指针进行顶层设计，牢牢把握住党对高校工作的领导权，决定了思想政治工作能在阵地扩展、渠道多样以及作用多面的新模式下，紧紧围绕培育社会主义事业建设者和接班人的重大任务来展开。

第二，高校党委管党治党、办学治校的主体功能，使学校的各级组织和系统能聚力于思想政治工作，各种资源能得到有效整合和合理配置，从而使思想政治工作有更加强大的组织保障、人力保障以及其他资源保障。

第三，高校党委通过推进课程思政改革来强化思想政治工作中的主体责任，也促进了高校党建水平的整体提升，使学校各级党组织的思想建设、组织建设、作风建设、反腐倡廉和制度建设获得了更广阔的实践场域和更宽大的提升空间。

此外，课程思政改革中充分发挥党委的主体责任，也是进一步密切高校党组织与师生员工血肉联系的新入口和新通道。党的建设融于教育教学过程之中，党的领导激发出全校教师做好思想政治工作的积极性和主动性，将形成全校联动的思想政治工作新局面。

（二）高校党委主体责任的逻辑结构

课程思政改革中的高校党委主体责任，是指党委以及学校各级党组织按照党的教育方针和全国高校思想政治工作会议精神，牢牢把握高校思想政治工作的大方向，加强党对高校工作的领导，整合学科资源和学术资源，构建思想政治工作的新路径，切实担负起新形势下高校思想政治工作的政治责任、组织责任和推动责任。

1. 把握课程思政的大局和方向

党委在课程思政改革中的政治责任，体现在宏观把握和顶层设计上，体现在立德树人的效果上。我国高校是中国共产党和中国人民为自己的理想和事业培养接班人的机构，承担着强国安邦、促进中华民族伟大复兴的教育使命。只要党的领导坚强有力，党委能够立足马克思主义理论指导和中国社会发展现实要求，高校思想政治工作就能够引领学生树立共产主义远大理想，建立中国特色社会主义道路自信、理论自信、制度自信和文化自信。

尽管课程思政改革拓展了工作领域、聚集了更多的资源、开辟了更多的渠道，高校思想政治工作的宗旨与任务没有变，为人才确定的政治品质没有变，高校党委领导思想政治工作的主体责任也没有根本变化。面对复杂多变的国内国际形势，面对日益多元的意识形态斗争环境，我们要培养政治合格的新一代，更需要高校党委对主体责任有高度自觉。

2. 建立课程思政的体制机制

党委在课程思政改革中的组织责任，体现在中观操作、统筹实施上，需要建立合理的领导体制和顺畅的运行机制，重点是明确校领导责任分工、加强对学院党委（党总支）和职能处室的指导、整合课程思政所需各类资源。

（1）校党委应成立课程思政的领导机构，承担制订全校性改革方案、调配改革所需资源、协调校内各级组织行动的职责。同时，课程思政改革领导机构应由校党委和行政领导挂帅，以确保顶层设计、政策保障、资金支持等方面对课程思政改革的投入。

（2）学院党委（党总支）是组织实施学校改革方案的一线组织，担负着将改革意图落实到具体课程的职责。这一层级的党组织不仅要有严格执行校党委要求的能力，而且要根据本学院的专业特点和学术专长，制定具体课程的思想政治教育目标和任务，形成自己的特色。学校党政所属的职能处室，应当在校党委的统一领导下，配合学院的课程思政改革，提供所需的政策支持和物力支持。

（3）各教师支部要学习和领会课程思政改革精神，根据学校改革方案的要求，通过集体备课修订相关课程的教学大纲，讨论课程教学的内容和方案，选派优秀教师担任课程主讲人。

3. 落实课程思政的改革方案

党委在课程思政改革中的推动责任，体现在微观层面、创新落实上，着眼于立德树人根本任务，充分调动基层党支部和教工党员的积极性、主动性和创造性，务实创新地将改革方案落到实处。学校课程思政改革领导机构、职能部门和二级学院党组织应制定在课程思政改革中的责任清单，做到职责明确、分工到位、落实到人。

同时，校党委要动态检测课程思政改革实施情况，对各门课程教学所取得的思想政治教育效果进行科学评估，及时解决课程思政改革遇到的重点和难点问题。对于承担课程思政教学任务的教师，学校应建立激励与退出机制，以发挥教师党支部和一线教师的积极性、主动性和创造性，使改革取得理想效果。在课程思政改革中强化党委的政治、组织和推动责任，其目的是通过形式多样和内容丰富的改革措施真正实现全过程育人，让高校课程能回应学生对物质世界、思想心灵以及生活经验等领域的提问，让学生从某一角度或某一场景中获得与社会主义核心价值的共鸣。

（三）高校党委强化主体责任的行动层次

无论是自下而上的群众性创造，还是自上而下的顶层设计推广，课程思政改革都要依赖党的领导来实现规范化和制度化，从而形成有效的持续性行动。从操作层面看，党委的作用要从把握方向、组织实施、具体操作三个层次展开。

1. 宏观层面

基于党委对课程思政改革肩负的政治责任和监督责任，校党委应对课程思政改革进行顶层设计，使改革坚持正确的办学方向，强化政治意识、责任意识、阵地意识和底线意识。

（1）定期召开课程思政改革交流会。思政课具有很强的时效性和针对性，面对国家和社会的新变化、新发展，应定期召开思政交流会或反馈会，从而把握社会动态、教学动态、学生动态等情况，适时调整教学方式和教学内容，以满足学生学习和成长需要。

（2）成立思政讲师团。将校内外不同专业背景的优秀教师聚集起来，成立讲师团。充分发挥人才引领、知识引领、价值引领的优势，让优秀教师队伍成为思政课程的主力军，从而优化思政课教师队伍和提升思政教学水平。

（3）制定监督责任清单。制定校领导和二级学院党组织的监督责任清单。课程思政改革中党委主体责任是否到位、是否落实，关键在于高校领导决策层的重视程度和监督程度。二级院级党组织应对思政改革过程中的课程建设、队伍建设、教学方式、教学内容、学生学习等情况进行监督跟踪，及时提出意见和建议。

（4）统筹改革思政教育、通识教育和专业教育。不仅要使思政课成为价值引领课程，也要使思政课成为支撑、囊括通识教育和专业教育的知识引领课程，为此要统筹、改革课程资源、教师队伍，打造具有思想性、专业性、通识性的思政课程。

此外，党委对课程思政进行顶层设计，也要因势而动，及时对课程思政顶层设计进行修改和完善，坚持以传授正确的价值理念和服务学生成长为宗旨，不断改革创新。

2. 中观层面

对课程思政进行顶层设计后，组织实施是关键。高校二级学院党组织和职能处室应结合思政改革原则，针对思政教学过程中的问题，提出及时、有效的方案并组织实施。

（1）善于利用网络资源，加大对思政资源的统合力度。二级学院党组织和职能处室应利用网络资源的互动、移动、开放、大数据等特征，对思政教育的方式、内容进行大胆创新。思政课教师和学生应通过网络资源，及时对最新信息和数据进行互动辨析，提高对社会现实问题的认识和理解。

（2）统筹各校的资源特色，打造精品思政教育。二级学院党组织和职能处室可以根据不同高校的专业特色和资源优势，借鉴其他高校思政精品课程的经验，打造属于各校的思政品牌课程。在打造精品课程的同时，使思政教育与通识教育、专业教育有机结合起来，形成协同效应，激发学生课堂的求知欲和满足感。

（3）完善培训考核制度，优化思政课教师队伍。二级学院党组织和职能处室应培养、吸收专业课教师加入思政课教师队伍。应着力加强思政课教师队伍的机制建设，严格执行教师定期培训计划，使思政课教师得以系统化、常态化培训。应从教学、科研、社会实践等方面，科学制定对教师队伍的考核机制。

（4）注重校园文化建设，以文化人以文育人。思政教育不仅是课堂教育，也是实践教育；不仅是思想政治教育，也是文化体育教育。多在校园开展形式多样、健康向上、格调高雅的校园文化活动，让学生在实践中感受到社会主义核心价值观的存在和魅力。

此外，二级学院党组织和职能处室之间应通力合作，上承思想、中拟方案、下督实施，着力打造优质教师队伍、改进教学方式内容、统筹各类优质资源、打造思政精品课程。

3. 微观层面

作为一线的思政教育工作者，教师以及所在党支部更加充分地了解教学课堂效果、掌握学生思想动态，能及时发现存在的问题。系和教师党组织既是实践者，也是发现者。高校对课程思政的细节改革，应充分发挥系和教师党组织的组织责任。

（1）创新授课内容。在坚持基本原则思想的前提下，应允许对思政课授课内容进行创新。应突出内容的思想性、问题性和趣味性，增强内容的可看性和启发性。

（2）鼓励翻转式、交互式、体验式的教学方式。结合新媒体新技术，尝试通过翻转课堂、知行大课堂、特色社会实践等方式，改变传统思政课题灌输模式和说教模式，让学生成为课题教育的主持人、主讲人，充分发挥学生的积极性。党支部应吸收思政课教师的意见，对教学新方式、新方法及时进行总结和创新，通过反复探讨，形成具有可复制性和可推广性的教学方式。

（3）创新课程方案和教学指南。编写课程方案和指南，应加入新方法、新内容、新模式，使课程方案和指南紧紧围绕课程顶层设计和组织方案展开，突出时效性和针对性。

（4）创新课堂管理办法。从教学纪律约束、课程标准制定、教学督导听课等方面，创新已有的管理办法，加强对教师和学生的各项管理，保障教学有序合理进行。

二、高校宣传部的引领工作

高校宣传部与校党委的工作方向具有一致性，两者都与党中央的思想保持相同方向。高校宣传部门的主要职责之一是开展意识形态工作。高校思想政治工作的开展，以及党中央思想的落实与推进，需要校党委和宣传部之间共同发挥作用。因此，高校进行课程思政建设，除了校党委重视之外，宣传部的意识引领作用也需要加强。

高校进行课程思政的建设，需要通过宣传部门的有效宣传，使课程思政的教育理念通过思想宣传的方式被高校师生所认知。通过宣传部的思想引领，让高校师生对课程思政的认识进一步加强，通过意识的作用潜移默化地使课程思政教育理念被高校师生所认可。

对教师来讲，宣传部进行课程思政的意识宣传工作，会让高校教师明确党中央对高校的工作要求，掌握高校教育理念变化的最新动态，即思想层面会加强教师对课程思政的理解；实践行动方面会让高校教师积极与国家对教育发展的要求相一致，自觉在教学实践中落实课程思政的教学理念，从而推进课程思政的建设。

对学生而言，宣传部在舆论和文化建设方面积极推进课程思政的建设，能够促进学生对课程思政的认知，逐步认可在各类课程中融入思想政治教育思想的教学方式，使学生不仅掌握专业的理论知识，同时也能够形成正确的价值观，实现德育和智育的共同发展。高校宣传部通过思想指引、文化氛围构建、舆论引导等方式，推进课程思政教育理念的积极落实。

高校进行课程思政建设需要发挥宣传部的引领作用，推进课程思政教育理念的执行和实施。宣传部需要通过信息化的载体营造课程思政教育理念的意识氛围，例如，以学校的网站平台、校报等方式为信息载体，进行思想政治教育思想的价值引导，推进高校的课程思政教育理念的宣传与落实。

三、高校教务处的落实工作

高校教务处在落实课程思政教育理念的过程中，其具体措施主要是课题引领。以课题为引领，推进高校的课程思政建设。课题以问题为中心，对问题的解决具有针对性，课题对于解决问题的方式和过程更具有操作性。将有关课程思政的研究进行立题，可以结合各个教研室的学科背景，在各个教研室进行课程思政的课题研究，发动高校各学院的力量，加大教师对课程思政课题研究的支持力度。以教务处作为负责部门，通过课题这一载体，推进课程思政教育理念在高校的落实。

课题研究中要明确分工，按照团体合作的形式将课题完成。教研室在课程思政方面选择课题时要根据学科的特点，结合教研室的研究条件和具体情况，进行课题的研究。在课程思政的课题研究中可以以马克思主义学院的各教研室为中心，其他学院的教研室在马克思主义学院对课程思政研究的引领下展开对课程思政的研究。马克思主义学院的各教研室可以就课程思政的内涵、落实方式等理论层面进行研究，其他学院的科研室可以就课程思政的落实途径结合学科的背景进行课题的研究。这种方式是通过全校的整体合力来对课程思政进行研究。除了以学院为主体来对课程思政进行课题研究外，还可以以课程类型的不同来确立课题。课程思政在进行课题的申请与研究时应注重多种形式相结合的方式，注重协调学校各教研室的力量对课程思政进行研究，寻找出符合本校各学科特点的开展课程思政的最佳方式。

进行课题的引领，通过课题的形式对课程思政建设进行研究，对高校发展、教师自身发展都具有促进意义。从高校层面来讲，以课程思政为主题进行课题的研究，能够对高校建设课程思政提供理论指导和实践指导，因为课题的开展需要将理论与实践进行联结，在此基础上才能完成课题的研究。通过课题的形式，带动教育者开展课程思政建设，落实立德树人的教育任务。从教师角度来看，以教师为主体进行课题的研究，能够充分发挥教师的主动性，激发教师对课程思政建设的兴趣，自觉投入课程思政建设的研究当中。

通过课题的研究引领教师以问题为导向，进行课程思政建设问题的研究，对课程思政的教育理念进行深入的研究与分析，将课题作为载体，促进教师对课程思政教育理念进行深入理解，最终落实在实际行动上，通过课堂教学体现课程思政理念的落实，引导教师在课堂的实践中进行课程思政的建设与改革；同时还会对高校的科研建设起到推动作用，在一定程度上在教师之间形成了良好的科研氛围，加强教师之间对课程思政建设进行经验的交流，发挥出运用科研的力量对学生进行培养、对教师进行能力提升的作用。高校的顶层设计方面需要教务处发挥作用，通过课题设置的方式，以课题为引领推进课程思政教育理念的具体落实。

第二节 构建课程思政教育体系

一、课程思政教育体系的构建

为贯彻落实办好中国特色社会主义学校，要坚持立德树人，把培育和践行社会主义核心价值观融入教书育人全过程的根本要求，着眼又红又专、德才兼备、全面发展的培养目标，高等院校需要坚持以社会主义核心价值观为核心内容，构建全员、全过程、全方位育人的思政教育体系。

课程思政工作是当前教育事业的一项重大战略部署，需要将这一理念全方位地融入学校思政工作中，为学校开展思政工作提供新的思路、构建新的路线图。打造思政课、通识课、专业课"三位一体"课程思政教育体系，突破了传统思政理论课单向度育人理念，建构起了思政课、通识课和专业课协同的立体化育人模式，突出显性教育和隐性教育相融通，将价值引领蕴含在知识传授和能力培养中，注重在价值传播中凝聚知识底蕴、在能力培养中体现价值内涵，进而创造性地将人文与科技相结合、将思政课与专业课相结合，提高学校思政课的实效性。

因此，推进课程思政教育教学改革，要从战略高度构建以思政课为核心、通识课为支撑、专业课为辐射的"三位一体"的课程思政教育体系，牢牢抓住课堂育人主渠道主阵地，将学校党委意识形态责任制落实到一线课堂，教师思政工作从宏观抽象要求转化成具体微观的解决方案，找到实现学校三全育人的关键枢纽和有效抓手。

（一）思政课中教学机制的构建

在学校课程思政教育体系中，思政课是核心、是根本、是基石。思政课质量提升是核心环节，要注重发挥思政课在学生社会主义核心价值观教育中的引领作用，着力增强学校思政课的实效性。深入贯彻党的精神和全国思政工作会议精神，以立德树人为中心环节，聚焦思政课教学重点、难点问题，推动教材体系向教学体系转化，共建共享思政课优质教学资源，加强思政课教师队伍建设，不断提升思政课教学的亲和力和针对性，切实增强学生在思政课上的获得感。

进一步推动领导干部上讲台，使之制度化、常态化，对于加强和改进学校党建与思政工作，做好学生思政教育，汇聚广大师生同心共筑中国梦的强大力量具有重要意义。加强马克思主义学院建设，为课程思政提供宝贵的资源库，进一步加强学科建设、师资队伍建设、课程建设、教育教学改革，发挥马克思主义理论学科优势，整合力量、联合攻关。打造一系列示范课程，推出一批公开教学观摩课，有利于青年学生全面正确地理解党的路线、方针、政策，有利于青年学生坚定信仰、增强社会责任感。

（二）通识课中教学机制的构建

通识教育旨在于现代多元化的社会中为受教育者提供通行于不同人群之间的知识和价值观。通识教育重在"育"而非"教"，因为通识教育没有专业的硬性划分，它提供的选择是多样化的。而学生们通过多样化的选择，得到了自由发挥的成长空间。可以说，通识教育是一种人文教育，它超越功利性与实用性。通识教育是现代教育理念中国化的实践过程。

无论是国外与通识教育相关的博雅教育、全人教育、自由教育、能力拓展训练等教育方式；还是中国贯彻多年的素质教育和德智体美劳全面发展教育，以及爱国主义、集体主义、社会主义教育；还有培养一专多能、德才兼备的人才教育；或者弘扬传统文化教育等，都能涵盖在通识教育的范畴之中。这种包容性体现了中国的通识教育既有中国特色，又能对接改革开放、面向世界。

通识教育的理念有助于整合多样性的现代教育理念和模式，赋予通识教育以中国传统文化内涵，既体现时代性，又保持民族性，把现代科学技术与中国传统的文化典籍结合起来，把现代信息文明与中华优秀文化历史统一起来，对提升育人质量也有很大的帮助。

（三）专业课中教学机制的构建

专业课是学校根据培养目标所开设的讲授专业知识和培养专门技能的课程，让学生掌握必要的专业基本理论、专业知识和专业技能，培养分析解决本专业范围内一般实际问题的能力。相比思政理论课，目前专业课教学中对知识传授更为偏重，育德意识和育德能力相对较弱。要想实现课程思政改革的整体目标，就要充分挖掘专业课的育人功能，深度发挥课堂主渠道的育人作用，在知识传授中强调主流价值引领，提炼专业课中蕴含的文化基因和价值范式以及德育元素，在专业技能知识学习中融入理想信念层面的精神指引。

一方面，积极探究专业课的思政育人内涵和科学的体制机制。专业课的思政育人内涵主要是指在专业课理论知识讲授基础上，充分结合专业课自身特色和优势，提炼其蕴含的文化底蕴和价值范式，通过具体、生动、有效的课堂教学载体，将专业知识传授与价值引领结合起来，实现在知识传授中提升价值引领，价值引领中牢固知识技能，从而达到培养学生运用马克思主义基本原理分析具体社会问题的能力，教育学生如何做人、如何做事、如何成才的目的。

另一方面，不断探求专业课践行课程思政理念的一般规律，总结专业课融入思政教育元素的方式方法，不断健全"三位一体"课程思政教育体系。专业课践行课程思政理念的关键是实现专业课教学与思政教育目标的精准对接，既不生搬硬套强加思政教育内容，又能将其润物无声地融入专业教学的全过程。其中，找准专业课中的思政教育元素和资源尤为重要。以思政教育元素和资源为切入，围绕课堂教学这一主线，从课程设置、课程参与主体（教师、学生）两方面入手，逐步实现专业课的思政育人功能，从而最终实现思政课、通识课与专业课的同向同行、协同育人。概括而言，专业课践行课程思政的机制可以概括为点（专业课中的思政教育元素和资源）、线（课堂教学主线）、面（"三位一体"课程思政教育体系）的有机结合和统一。

1. 挖掘专业课德育的因素点

在专业课教学中践行课程思政的理念，需要在全面关注学生的发展需求基础上，选准思政教育在专业课教学中的最佳结合点，使两者有机融合，并以此为抓手推动专业知识学习与价值培育实践的有效结合。要在思政教育原则指引之下对专业课进行深度开发，充分挖掘和激发其中的思政教育内涵，科学、有序地推动专业课思政教育。因此，在专业课教学中践行课程思政的理念，关键和核心在于找准思政教育的元素和资源，以无缝对接和有机互融的方式建立专业知识与思政教育目标的内在契合关系。

深入思考每一门专业课，都可以凝练出其在情感培育、态度选择、价值观引领等方面的教育要求，而这些要求也就是思政教育与专业课结合的因素点。相对而言，哲学社会科学类的专业课应更多地凸显其在强化社会主义意识形态教育方面的作用，自然科学类的专业课则应更注重对学生科学思维、职业素养的养成教育。

具体来说，要根据专业课的教育要求，结合课程自身特点，分别从爱国情怀、社会责任、科学精神、人文精神、品德修养等角度找准思政教育的因素点，设置课程思政教育目标，有机融入社会主义核心价值观、中华优秀传统文化教育以及理想信念教育、爱国主义教育、道德品质教育，特别是对中国特色社会主义的道路自信、理论自信、制度自信、文化自信的教育内容。

2. 抓好课堂的教学主线

围绕课堂教学这一主线，需要从课程设置、课程参与主体（教师、学生）两方面入手，不断探索课程思政的有效路径和载体。

在课程设置上，首先要明确课程总体思政教育目标，在思政教育目标引领下，结合专业课特点，深入挖掘专业课的思政教育内涵和要素，做好专业课的育人教学设计，从而优化课程设置。课程内容的设置要在立足专业知识的基础上，推动中华优秀传统文化融入教育教学过程，明确课程建设标准，并将思政教育路径固化于教学大纲中。其次要结合课程内容创新教学方式方法，探索课堂教学、社会实践、网络运用等多维课程组织形式，在授课过程中结合学生特点进行科学引导。

（1）就教师而言，要针对性地提升专业课教师的育德意识和育德能力。

一方面，转变专业教师的传统育人观念，提升专业课教师对课程思政的认知，消除思想误区。帮助教师明确思政教育与专业课之间的关系，认识到思政教育不仅不会影响专业课原本的专业知识教学，相反还会提升教学的思想性、人文性，深化教学的内涵。

另一方面，教师自身的思政教育水平及文化素养也是在专业课教学中践行课程思政的理念能否有效开展的重要因素。专业课中思政教育要素的融入，对于教师的思政素养和知识积淀提出了更高的要求。如何找准专业课的思政教育资源与元素，实现育人目标与专业知识的精准对接，保证专业课知识讲授的同时有效融入思政教育，需要专业课教师不断提升自身的思政素养。

另外，实现思政教育与专业课的有机对接，需要教师能够基于思政教育核心原则和内化要求，主动结合专业课的设计与教学活动的实施，深度开发教材，挖掘其中的思政教育内涵，在专业课中自然而然地融入内容。

（2）就学生而言，要促使学生在专业学习和社会实践中不断接受思政教育的内容，提高自身思政素养。

课程思政的落脚点要放在学生思政素养的发展上，引导学生形成正确的世界观、人生观、价值观。为此，对于学生发展的评价要和对课程思政工作质量的评价结合在一起。但思政素养的提升是一个循序渐进的过程，因此评价应该更注重过程而不应是唯结果论。可以探索建立学生思政素养发展档案，在课程教学过程中记录学生思政素养的变化，课程结束时由教师和学生个人对学生的思政教育目标实现情况进行双向评价。

3. 构建"三位一体"课程思政教育体系

在坚持以立德树人为根本任务的前提下，通过深入挖掘专业课中的思政教育资源与元素，立足学科优势，实现思政教育目标与专业课知识点的精准对接。

一方面，围绕课堂教学这一主线，从课程设置、课程参与主体（教师、学生）两方面入手，不断探究课程思政的有效路径和载体，最终构建起专业课与思政课、通识课协同的"三位一体"课程思政教育体系。

另一方面，根据课程思政基本要素的内在联系，把目标、主体、内容、路径等要素融合为一个有机体，协同推进思政课的显性价值引领和专业课、通识课的隐性价值渗透的有机融合，保证思政课的核心地位，同时充分发挥其他课程的育人作用，在实现教育目标的过程中真正做到融会贯通。

二、课程思政教育的教材编写

教材是课程思政的重要内容，是育人育才的重要依托。建设什么样的教材体系，特别是主干课程传授什么样的教学内容，体现了知识的价值导向。教材建设是国家意志的体现，对意识形态属性较强的哲学社会科学教材和其他课程的教材都要深入研究"教什么""怎样教"等育人的本质问题。要集中骨干教师力量，统筹优势资源，推出高水平的教材。要加强教材建设，创新学科体系、学术体系、话语体系，增强学生成长成才的获得感。每一个学科都应当立足育人根本，用生动活泼的方式培养身心健康、态度积极的学生，在传授知识的过程中加强价值引领。通过集体备课，引入吸引学生的案例，融入时事政治中鲜活的育人元素开展课堂教学；要分步推进计划表，明确责任分工，设计好成果目标，借助教学大纲的编写，融合课程思政、工程认证和应用学校专业建设的要求，保持课程与专业建设共进方向。

针对各类课程的特点，研制教学指南与课程教学方案，在教学目标、教学内容、教学策略、教学案例等方面融入思政教育元素，将知识背后的价值、精神、思想挖掘出来，阐述清楚。在专业课中加强思政教育，找好育人的角度，具有较强的说服力和感染力，有助于将课堂主渠道作用发挥到最大化。

与此相对应，育人方式也需要进一步优化。作为一个学科，要突出科学性，强调核心素养，遵循教育规律。学科的建设要研究学科与全体学生的思政教育之间的关系，不可自视为学生思想工作的唯一阵地。如果学科根基缺失，则难以立足于课堂。要在遵循社会发展逻辑、人的认知逻辑和成长逻辑的基础上，在社会主义核心价值观的统领下，统筹设计，制定分层教学目标。教材的编写要结合实际，持之有据，有说服力，站得住脚，把对理论的深度阐释与便于教育对象理解和接受有机结合起来。

三、课程思政教育的教学设计

要把思政教育有效融入教学全过程，教学组织设计尤为重要。为此，需要考虑以下三方面要素。

第一，教学主体。在教学主体方面，要特别注重发挥学校马克思主义学院在课程思政工作中的协同引领作用，构建思政课与其他哲学社会科学课程的协同创新机制，形成科学化、标准化、精细化的建设管理办法，不断加强课程思政教育教学过程的科学化、规范化建设。

第二，教学内容管理。在教学内容管理方面，要明确学校所有专业课都应有的育人职责和功能，注重在传授专业知识和技能的过程中加强思政教育。围绕思政教育目标，对照思政教育核心内容，全面修订学科专业人才培养方案，针对具体课程编制课程思政教学指南。针对意识形态属性较强的哲学社会科学课程，充分挖掘其中蕴含的思政教育资源。深化哲学社会科学教育教学改革，建立健全符合国情的哲学社会科学人才培养质量标准体系。哲学社会科学相关专业统一使用马克思主义理论研究和建设工程重点教材。

第三，教学过程管理。在教学过程管理方面，要修订完善教学大纲，健全课堂教学管理办法，完善课程设置管理制度，建立课程标准审核和教案评价制度，落实校领导和教学督导听课制度。要逐一梳理课堂教学所有环节，深入挖掘专业课的思政育人内涵，细化课程思政具体目标，制定学校课程思政教学规范，做到有章可循的规范化、制度化。

第三节　打造高效协同育人的教师队伍

一、课程思政视域下的专业课教师与思政课教师

"在新时代背景下，高校课程思政建设具有过程全面化、内容多元化、方式隐蔽化、

层次立体化等特征。"① 通过提升教师队伍课程思政能力建设，从而促进我国高校课程思政建设实践，提升课程思政育人实效。教师是对从事教育事业的教育者的统称，从含义上讲，教师的内在包含以下两方面。

第一，从职业角度来说，教师职业是由社会劳动分工而形成的一种专门社会职业，是人类社会有史以来最古老的一门职业。教师职业区别于其他职业的根本特征在于其主要任务是教书育人，教书育人是教师的天职，贯穿于教师全部的教学活动，教书和育人不可割裂，要双管齐下。在教育教学活动中，教师向学生传授科学文化知识和培养学生能力，这是一个教书的过程；与此同时，教师在教育教学活动中对学生进行思想政治教育、道德品质方面的养成教育，培养学生具有良好的、健康的人格，这是育人的过程。两者缺一不可，相辅相成，相得益彰。

第二，从教育者的角度来看，有广义与狭义的区分：广义上泛指一切传授知识、技能、经验的人；狭义上特指学校中传授科学文化知识和技能，对学生进行思想品德教育的教育者。在课程思政的开展过程中，教师的作用是不可比拟的。专业课教师与思政课教师要找准定位，站定脚跟，履行好教书育人的职责。

（一）专业课教师

专业是一种经过专业培训而具有专门化知识和技能的职业。专业课就是包含专门的知识和技术的课程，专业课教师就是具有较高深和独特的专门知识和技术并且以此为依托对学习者按照一定的专业标准进行专门教育和训练的教育者。本书对专业课教师概念的界定是在课程思政视域下，指除了思政课教师和通识课教师之外的教师群体，专业课教师群体在高校教师中占有较大比重，具有代表性。在课程思政实施中，要明确专业课教师功能定位，从而促进专业课教师功能作用的发挥。

高校在培养社会所需的人才时，设立了不同的专业，分别由不同学科领域的专业课教师来有针对性地培育这一领域的专业人才。专业课教师除了具备一般教师的共有职责和特征之外，还有着特别的功能和作用。在课程思政视域下，专业课教师的功能定位主要表现在以下三方面。

第一，专业课教师是课程思政的实施主体。在教学活动中，专业课教师与大学生的联系最为密切，接触最为频繁，对大学生的学习和生活都有着深刻的影响，直接反映在大学

---

① 陈万军，赵生学，丁艳. 特征、困境、路径：新时代背景下高校课程思政建设论析 [J]. 黑龙江工程学院学报，2023，37（02）：62.

生的言行举止方面。因此，专业课教师对大学生进行正确的价值观引导至关重要。在课程思政实施过程中，专业课教师要站定脚跟，自觉承担起立德树人的根本任务，发挥主导作用，增强课程思政的育人意识和育人能力，自觉挖掘课程的育人元素，进行设计开发来充实教学内容，引导大学生树立正确的价值观和崇高的理想。

第二，专业课教师能有效实现知识与思想的共鸣。专业课教师由于所讲授的知识与实际联系密切，拥有坚实的理论基础和广泛的实践基础，更具有说服力，使学生更容易接受。将正确的思想观点、价值观念、道德规范融入专业知识教学中去，拓展知识性、技能性的教学内容向思想性、政治性教学内容的延伸，实现知识与思想的共鸣。

第三，专业课程是课程思政推行的重要载体。在高校育人育德过程中，除了思政课程外，专业课程也是重要的育人载体。专业课程除了蕴含着丰富的育人资源外，还具有开设比重大、授课时限长、课程类型多等特点，这是思政课程所欠缺的，也是专业课教师在教学育人过程中优势所在。专业课教师要充分发挥专业课程这一重要的育人载体的作用，促进大学生的全面发展。

（二）思政课教师

思政课教师是道德教化的传道者，以思想政治教育相关理论为基础，以我国5000多年的优秀传统文化、思想、道德为依托，引导学生树立正确的世界观、人生观和价值观，让学生通过学习学会生存发展之道、做事从业之道、为人处世之道以及人与自然和谐相处之道。高校思想政治理论课是育人的主渠道，思政课教师是育人的主要承担者。高校思想政治理论课程是高校课程体系中专门化、集中化的育人课程，具有突出的政治性。思政课教师的功能定位具体表现在以下三方面。

第一，思政课教师是先进思想和科学知识的传播者。思政课有着深厚的思想底蕴，是先进思想和科学真理的集合，包含着人类和自然界永恒的真理，大到国家的发展、社会的更迭，小到每一个体的生活琐事的症结，都能从中获取答案。

第二，思政课教师是真善美的播种者。思政课作为立德树人的关键课程，承担着重要的职责和使命，对学生的正确引导关乎着其成长成才的实现。大学生处于人生的"拔节孕穗期"，思政课教师需要对学生进行以理服人、以情动人、以美感人的教育，悉心浇灌培育出求真向善达美的时代新人。

第三，思政课教师是情感关怀的传递者。思政课的亲和力表现为学生对教师产生的一种发自内心的喜爱和亲近感，大学生活是青少年走向独立的第一步，离开了父母的荫护，而且心智尚未成熟，需要教师的真情爱护。思政课教师给予大学生真诚的关怀，可以增进师生之间的情感交流，形成和谐的关系。课堂上思政课教师发自内心的抒发情感，将单调的课程内容注入充沛的情感表达，能触动学生的内心，给其正面的人生导向。教师应在课下与学生加强情感交流，关心学生的学习和生活，对学生传递的真情善意将化作一股暖流温暖学生的内心，激发学生的学习热情，促进学生积极主动地将爱国情、强国志、报国行融入中国特色社会主义的伟大实践中去。

（三）专业课教师与思政课教师的关系

想要捋顺专业课教师与思政课教师的关系，应先弄清专业课与思政课的关系。教师要准确把握不同性质课程特点，既要牢牢把握思政课的核心地位，又要充分发挥其他所有课程的育人价值。在课程思政的视角下，专业课与思政课相互联系又相互区别。

专业课教师与思政课教师的联系是：专业课中也有内在育人的内容，是一种隐性的思政，在一定意义上可以说是思政课的延伸和拓展，可以基于具有实际意义的知识体系，对思政课的相关理论做进一步的深化，变抽象为具体，让学生可以更好地理解和接受；思政课则是专业课发挥隐性育人功能的理论基础，为其提供有力的理论支撑。专业课离不开思政课的指引，思政课需要专业课的助力。

专业课教师与思政课教师的区别是：在教学内容上，专业课的思想政治理论是"点"，不能面面俱到，零散且不系统；思政课的理论讲解则是"面"，即思想政治理论框架是一个完整且系统的体系。在理论的教学方式和原则上，专业课"往往具有学科专业的特殊性"，思政课则"一般性和普遍性更为突出"。

在课程思政理念的指导下，专业课程与思政课程的关系决定了专业课教师与思政课教师的关系是一种分工合作的关系。既互助合作，又和而不同、各有侧重。两者有联系又有区别，相互影响又相互作用。两者的区别显而易见，表现在教育的内容和形式的不同。专业课教师的教育内容主要是某一专业领域的专业知识教学，除了讲授专业的理论知识，更加注重的是对学生进行实践操作能力的训练。思政课教师则更多的是侧重理论知识传授和价值观的构建，在强化操作训练方面有所欠缺。

从专业课教师与思政课教师的联系上看，无论是专业课教师还是思政课教师都是育人者，都有育人的职责。专业课教师与思政课教师相互联系，相互促进，互助合作。一方面，思政课教师为专业课教师提供指导，并帮助专业课教师挖掘思政资源，对理论的讲解和运用提出意见和建议；另一方面，专业课教师将思想政治理论应用于实训操作，将思政课内容与专业知识点结合起来进行教学，让学生更好地掌握和践行，提升教育的实效。

二、专业课教师与思政课教师协同育人的必要性

专业课教师与思政课教师都是育人的主体，加强两者的协同育人，统筹两者的育人优势，形成育人的合力，对于课程思政育人目标的实现具有重要的意义。

一方面，在对学生进行思想政治教育方面，思政课教师比专业课教师更有发言权。这是因为思政课程以价值教育为重心，在育人方面发挥着重要的示范引领作用；同时兼顾着思想政治理论的知识教育，而思政理论的知识教育也是为价值教育服务的。

另一方面，学生对专业课的学习时间和重视程度远远超过了思政课，有相当一部分大学生认为思政课是"可有可无"的，并将主要精力和时间用于学好专业课。学生对专业课的重视和对思政课的漠视形成鲜明的对比。高校要将专业课教师和思政课教师各自的育人优势结合起来，凝聚成强大的育人力量，只有这样才能真正落实立德树人的根本任务，实现知识传授与价值引领的有机统一，培养出德智体美劳全面发展的社会主义接班人。

（一）协同育人是实现知识和价值统一的必然选择

高校为了避免现实教学中知识传授与价值引领相脱节，就要发挥教师的教育主导作用，使各有教育侧重的专业课教师与思政课教师协同育人，相互取长补短，从而真正做到教书育人。

无论是专业课教师还是思政课教师都要将知识传授和对学生的价值引领作为自己的职责本分，把培育"又红又专、德才兼备"的人才作为自己追求的目标，实现知识传授和价值引领同频共振。在思政课教学过程中，既要把本课程的理论知识、实践成果讲授清楚，又要以身作则、以德施教，对学生的价值观进行正确的指引，使学生树立正确的价值观念，勇担历史使命。在专业课教学中，要秉持以德育人这个基点，进行相关的专业化教学。在知识的传授中，将价值观教育贯穿其中，以知识的真理性提高思想政治教育的说服力，以理服人，在潜移默化中提高学生的道德素质。

1. 知识传授的依托——价值引领

价值引领是知识传授发挥作用和不断发展的前提基础，对高校各类课程来说，只有建立在价值引领的基础之上的知识传授才能发挥更大作用。价值引领对知识传授具有指导作用，以价值观和道德标准作为知识传授的依据，才能发挥出知识的无穷力量。

发挥知识的价值和作用，就要坚持正确的价值引领。知识导向不能失去价值引领的支撑，丰富学生知识涵养，是建立在良好的道德品质之上的。如果没有良好的道德修养，只一味追求知识的掌握，并不能发挥出知识的真正价值，知识是没有温度的，人脑中的知识

只有依靠良好的内在品质来加持，才能丰盈人生。培养学生成为社会主义的建设者和接班人，促进学生成为一个和谐的人，德育是首要的。因此，高校要重视培养学生正确的世界观、人生观和价值观，为知识的掌握和学生的成长成才打下坚实的价值底色。

在当今知识大爆炸的时代，人们对知识的开发和利用，给人们的生产和生活带来了极大的便利和改善，与此同时，也出现一些极端的问题，这严重阻碍了知识发展水平的提高。面对这一困境，需要价值来引领，以为科学谋发展、为社会谋进步、为人类谋幸福的价值取向为出发点，才能推动知识不断深化。在专业课程教学活动中，专业知识体系都是建立在一定培养目标基础之上的，知识传授要以不断提高学生的思想道德品质为导向，在知识传授中强调价值引领，让知识传授更有温度，和学生产生情感共鸣，在学生的精神世界留下印记。通过对学生进行正确的价值指引，推动学生对知识的掌握和运用，促进知识传授达到良好的教育效果，实现知识传授的深入发展。

2. 价值引领的支撑——知识传授

知识传授为价值引领提供知识支撑，是价值引领的助推器。对学生进行正确的价值观教育，要立足于科学的知识之上，让知识的真理性为价值观引导提供客观可感的依据和支撑，变价值观念、思想观点的抽象为具体，这样学生才能更容易接受，从而进一步形成自身内在的价值观，来指导实践。

知识传授是学生习得专业知识和思想政治理论知识，形成认知的主要方式。无论是专业知识还是思想理论知识，都是对客观世界形成的系统化的认识，只是表现的形式不同。知识传授使学生掌握了系统化的知识，从而对客观事物有了清晰、理性的认识，提高了学生的独立思考能力、分析问题和解决问题的能力。这就为价值引领提供了必要的知识基础，缺少这个认识基础，学生难以对价值引领做出判断和回应，更不能内化成为自身的品质。

丰富的知识不仅是认识万事万物的实用工具，更是健全人格的基础，知识的价值不单单表现在对事物的理性认识，更包含了对人生价值的正确认识。学生良好的道德品质和崇高的理想信念的形成，与他们对客观世界的真理性认识是分不开的，专业知识的真理性、客观规律性，有助于促进和加强对价值观的指引。高校必须以知识传授作为价值引领的有力支撑，用真理的智慧启迪思想。这样学生才能对价值的是与非做出正确的判断。

学生的思想倾向、政治认同和价值取向是在具有了一定的认知能力的基础之上产生的，知识基础是形成正确价值观的重要保障。以知识为基础的认知水平的提高，是价值引领得到深化和升华的起点。一些道理、价值观念和正确的思想观念必须以扎实的知识基础为支撑，才能得到更大程度上的理解和内化，并成为指导实践的行为准则。无论是知识传授还是价值引领都是为实践服务的，通过知识传授让学生增长知识、提升能力，这为价值观的形成埋下了伏笔，但思想倾向和价值取向引领作用的发挥，是基于对实际行动的指导和引领。在科学知识的支撑下价值观念更具有说服力，使学生对价值引领有了更加深入的认识和体会，并自觉深化思想和价值指引，指导实践。

在实际教学过程中，发人深省的价值引领可以促进学生对知识的吸收和掌握，达到融会贯通。只有在知识传授中渗透价值观教育，让价值引领根植于知识传授中，促进知识传授与价值引领的同频共振，才能提高思想政治教育的有效性。

总而言之，知识传授和价值引领是缺一不可的，两者相互促进，相互渗透，互相离不开。只有专业课教师与思政课教师协同育人，才能实现知识传授与价值引领的有机统一。

（二）协同育人是促进大学生全面发展的内在需要

人的需要的全面发展是指随着社会的发展，个人的需要发生有规律、分层次的发展。从最初的物质需要到进阶的精神需要，从低层次的吃饱穿暖到高层次的精神享受再到自我价值的实现，人的需要的不断满足是人的全面发展的重要标志。

人的个性的全面发展是指个体的差异化喜好和意志得到自主性的解放，体现了对主体能动性的尊重，在不受外界束缚下得到自由而全面发展。

人的能力的全面发展是指人的各种能力的全面发展，主要指智力和体力的发展，是人立足于社会的重要保证。在新的历史时期，生产力得到了极大的发展，对人的能力提出新的要求，不再局限于人的体力发展，人的综合能力素质得到提升。

人的社会关系的全面发展是指人作为社会中的一分子，不是孤立存在的，与万事万物都有着千丝万缕的联系，处在复杂的社会关系之中。人的全面发展有赖于处理好各种社会关系，不断丰富社会关系。

1. 提高大学生适应社会能力

高校大学生的成长成才，需要不断提升个人综合的能力和素质来适应社会的发展、时代的进步。人的能力得到多方面发展，除了要具有强健的体魄、必要的科学文化知识，还需具备良好的思想道德素质和心理素质，从而具有适应社会关系普遍性的能力。对大学生正确的思想引导和价值观建设十分必要，这就需要高校落实课程思政，发挥专业课教师和思政课教师的协同育人作用，助力大学生成长成才。

人是存在于各种社会关系中的人，人的能力的全面发展和人的社会关系的全面发展，两者之间联系密切，表现在人通过科学文化素质和思想道德素质等综合素质的提高，不断适应社会日新月异的发展，同时又在社会中不断提高自身的综合能力和素质。

在新的历史时期，人的全面发展在注重强调体力和智力的同时，思想道德素质也成为至关重要的一方面，因为个人的思想道德素质直接影响着体力和智力的发展，有着重要的促进作用。

一方面，身心健康才是真正的健康。身体是革命的本钱，强调体力的发展无可厚非，但心理的健康一样重要。在当今这个生产力得到大规模的提升的社会中，吃饱穿暖的问题已不是生活的问题，国家间、人与人之间的竞争愈演愈烈，大学生承受着各方面的压力，心理问题突出威胁着大学生的健康成长。因此促进大学生的身心健康成长，需要加强心理素质的能力培养和提高。

另一方面，德才兼备是真正的人才。知识经济时代，知识的力量是无穷的，但在强调知识重要性的同时，也需要提高大学生的道德水平来为智慧增光添彩，发挥出更大的作用，造福人类。提高大学生思想道德素质，就是要培养大学生良好的思想品德，而人的心理是思想品德的基础，任何人的思想品德都是在一定心理因素的基础上形成的。在一定程度上来说，加强大学生的心理健康教育，与提高大学生的道德素质是统一的。心理健康教育和思想政治教育都是旨在提高大学生思想道德素质，使大学生成为对社会有益的人，成为真正的人才。

大学生综合能力的提高为适应社会、融入社会、造福社会奠定了基础，在课程思政中，专业课教师和思政课教师协同育人，站在提升大学生的综合素质和能力的角度，双管齐下提升大学生的综合竞争力。以扎实的知识基础、优良的道德素质和健康的心理素质，精神饱满地应对社会的考验，为大学生更好地融入社会奠定坚实基础。以扎实的科学文化知识武装自己，以积极向上的心态面对工作生活中的问题，以高尚的品行处理好与他人的关系，加强与他人的交往。不断丰富社会关系，以适应快速发展的社会。在砥砺自我中增长才干，推动社会的向前发展。

2. 满足大学生个性发展需求

人的个性的全面发展的实现是在充分尊重个体的主观意志基础之上的发展。在高校中，尊重个体的主观意志个性的发展，体现在学生有自主选择专业的权利。课程的设计要符合大学生的个性特征，尊重学生的个性发展，但不是放任以自我为中心发展的个人主义，而是将科学地引导个性发展与社会发展相结合。在培养专业技能人才过程中，加强学生的思想政治教育，以社会主义核心价值观为引领，培育大学生的集体意识，将个人的发展与国家的发展紧密联系在一起。高校实行课程思政，是在满足大学生自主选择专业个性发展方向的前提下，加强培养大学生的正确的价值观念和树立远大理想信念，发挥自己的个性才智促进社会的发展。

人的需要的全面发展的实现需要全面满足个体的发展需要，人的需要不仅包括基本的物质需要，还包括更高层次的精神需要和自我价值实现的需要。人的需要的满足促进大学生的全面发展，学生从中学进入大学，开始专业学习的阶段，为走向社会修学储能。就其精神成长来说，有很大的需要和发展，高校在注重对大学生专业知识、能力培育的同时，也要更加重视大学生精神世界的需要，促进大学生全面发展、健康成长。大学生精神世界的需要是对提升自己、完善自己的更高追求，区别于他人的需求。大学生作为一个有文化、有思想、有理想、有追求的时代新人，需要在进行科学知识教育的同时给予思想价值观的引导，丰富其精神世界、增强其精神力量，促进其自我价值的实现。

以学生全面发展为中心，全面发展学生的个性，满足学生多样化的需要，才是真正重视学生发展的表现，这也是与将学生看成一个被动的接受者的根本对立。在课程思政的实施下，专业课教师对学生的主体性认识更加深刻，更加尊重学生的差异性和特殊性。用思想政治教育的智慧关怀学生，增进与学生的交流，成为学生的益师良友，促进教育事业的发展和社会的进步。

总而言之，在高校教育中，贯彻课程思政实行专业课教师与思政课教师协同育人，对促进大学生的全面发展有着重要的意义。应秉持以学生为本，满足学生的期待和需要，尊重学生的个性发展，提升学生的综合能力和素质，引导学生更好地适应社会从而成为推动社会发展的可靠又坚定的建设者和接班人。

三、专业课教师与思政课教师协同育人的实现途径

在课程思政的实施中，相比于专业课教师，思政课教师更具有育人的经验和优势。思政课教师的优势表现在：一方面在知识上，对相关理论知识融会贯通，并能够进行深度的研究；另一方面在实际教学中，掌握了有关教育对象的一定的思想、道德、价值观具体的实际情况和特点。这些都是专业课教师所不具备的，需要学习知识和提高能力，但由于专业课教师的时间和精力都是有限的，除去自己本身的课业和科研，要想提高育人的成效，就要依靠思政课教师的帮助，在团结协作中达到课程思政的育人目的。

（一）健全专业课教师的管理制度

在课程思政视域下，判定专业课堂的育人效果，一项重要的指标就是专业课教师的教学水平和能力，这直接影响学生的成长发展，所以需要经过一定的考核来检验，查缺补漏，使专业课教师看到自身的不足，激励他们不断改进提高。当然，无论是考核还是激励都需要形成规范的制度来推进。

第一，建立健全考核评价制度。高校需要建立健全考核评价制度，改进片面的评价标准，将教师的思想道德素质、教学能力、学生的到课率和抬头率、合作互助参与度、对学生的关注度等作为新的重要评判标准。将专业课教学是否融入思政元素作为教学考核评价第一要素，实际上是一种倒逼机制，促使专业课教师增强思政理论知识的储备，提高育人质量，与思政课教师一道提升教学育人水平。

第二，建立教师激励机制。高校教师的工作积极性能否得到充分发挥，与高校是否制定了合理的激励机制有着很大的关系。高校在课程思政的指导下，为了激发专业课教师积极主动地投入育人树人中来，必须建立教师激励机制，通过对教师的考核结果，对教师实行物质激励、精神激励、职业奖励激励等，最大限度地激发教师的创造活力，使专业课教师队伍在教学育人中达到整体优化。

第三，建立健全专业课教师的培训机制。高校要加强对专业课教师的培训，可以根据专业课教师的实际情况，通过针对性的培训，来提高专业课教师的思想政治理论水平和思想道德素质。因为教师个体素质的优化和提升，不单单包括具备扎实、深厚的理论知识和掌握现代教育的基本方法和手段及教学规律，更重要的是要有良好的思想道德素质，树立崇高的理想信仰。专业课教师在促进自身的发展的同时又可以充分发挥自身的育人作用，达到事半功倍的理想效果。这也与人才的培养是相对接的，培养某一领域的专业人才，必须注重培养人的专业知识能力与道德素质协调发展。

第四，建立与考评结果相配套的奖惩制度。高校要依据对专业课教师的考评结果，对专业课教师进行有针对性且合理的奖惩。这对于激励专业课教师不断发展自己各方面的素质与能力具有重要的作用。奖励和惩罚的标准要有严格的制度化规范，奖励是一种正面的激励，奖励的标准要根据教师的实际情况和教师的需求，给予更多的发展机会与一定物质和精神上的奖励。惩罚不是真正意义上的处罚，而是一种侧面的鼓励，鼓励考评结果不太令人满意的教师再接再厉，进行深刻的课后反思和制订详细的日后提升计划，实现"考核面前无差生"。奖惩制度的制定不是为了评判出谁优谁劣，而是通过公平有效的考核来鼓励专业课教师，竭尽全力贯彻好、落实好课程思政，实现立德树人的根本任务。

在每一个具体的环节中，都要进行及时的信息反馈，在确保评价的公平、公正、公开的同时，帮助专业课教师不断对自身进行调整与优化，继而更好地发挥自身潜能，最终促进专业课教师思想道德素质的提高。

（二）加强专业课教师与思政课教师的互助协作

在课程思政视域下，专业课教师与思政课教师联合起来协同育人，势必要处理好两者的关系，基于共同的育人目标互助合作。一方面，思政课教师为专业课教师提供理论指导；另一方面，专业课教师为思政课教师提供知识支撑。两者通过互助合作实现合作共赢。

1. 思政课教师为专业课教师提供理论指导

在课程思政视域下，思政课教师应对专业课教师进行专业系统的指导，与专业课教师协同备课，帮助专业课教师正确深入地理解思想政治理论，只有这样，才能更好完成课程思政的教学任务。

（1）在具体的教育教学过程中，专业课教师和思政课教师在教学内容上要达成一致。将理想信念教育作为内容核心，使所有的大学生都自觉承担起人民重托，满足国家的期待。中华民族伟大复兴需要当代大学生的奋斗努力，在奉献社会和奋斗中才会实现人生的真正意义。以爱国主义教育为重点，使爱国情怀深入每一个大学生心中，并需要用实际的行动来践行它。进行民族精神教育，在继承和发扬伟大的民族精神过程中，引导大学生增强民族的自尊心、自信心、自豪感，以拥护祖国、热爱祖国为最大的光荣。以社会主义核心价值观教育为基础，在课程思政教学过程中，一定要把社会主义核心价值观的内容和要求体现到教育教学的各个环节中去。

教导学生将社会主义核心价值观的内容内化成心中的"一杆秤"，用于衡量是非对错，在面对利与义的取舍需要做出抉择时，偏向正义的一侧，做出正确的价值选择。对于党提出的新思想、新观点、新论断进行系统梳理和深入解读，教师要将党的最新理论成果纳入教学内容，面对党和国家对大学生思想政治教育工作提出的新要求，开展教学活动要有的放矢、层层递进。

（2）在教学方法上，要讲究科学有效。专业课教师在育人过程中，选择教学方法时，要遵从思想政治教育的规律，采取有效的思想政治教育方法，这需要思政课教师为专业课教师提供指导，两者共商共议找到最佳的方式。

一方面，各专业课教师进行思想政治教育所面向的群体存在很大的差异，除了知识背景不同，思想品德状况也不尽相同，在进行思想政治教育方法的选择时都要充分考虑到这些特殊的情况。各专业课教师与思政课教师要针对这种差异多交流，找到适合的方式、方法。

另一方面，创新教育教学方法，探索新途径。在备课过程中，要采用教学方法开展教学活动。教师可以通过对案例的解析、视频的播放、图片的解析等，传达课程的内容。调整课堂教学输出模式，讲解概念要与生活案例结合，讲解原理要运用到现实中，有历史的也要有现实的。口头讲授与板书结合的方式在过去扮演着重要角色，但在互联网时代，学生对于互联网的使用需求和习惯，要求教师应借助互联网的优势，与学生在互联网上进行共同学习、交流、互动，提升教学效果。

　　教师还应注重启发式的教学方式，充分发挥学生的积极性、主动性、创造性，反思"满堂灌"教学方式的弊端所在，积极改进，给学生独立思考问题、解决问题的机会。倡导和鼓励学生多讨论，发散思维，打开眼界，跳出思想禁锢，在讨论和辩论中明辨事理，受到启发。在教育方法的选择上，思政课教师要与专业课教师在协作中找到最恰当的方法，并根据实际情况不断创新，以此提高育人效果。

　　（3）关注学生主体地位，做到课前课上课后互帮互助。在备课过程中，要对所教学生的一些基本情况有一个大致的了解，专业课教师与思政课教师互相交流学生的平时表现，加深对学生的了解，把握不同专业层次的学生特点，尊重学生个体差异，有针对性地开展思想政治教育。在课堂育人中，对学生各方面素质和能力进行客观评价，采取适宜的方式方法来培养学生解决问题的能力，促进学生的个性发展，提高思想道德素质和水平。课下与学生多交流，掌握学生的实际情况，这样有助于教学育人的开展。在课后环节，针对实践教学中遇到问题，进行课后的反馈和教学反思，并总结经验。专业课教师要及时与思政课教师沟通和探讨反馈，即教师通过回顾课堂教学环节中所遇到的问题和学生的课堂表现找到问题的症结所在，共商共议找到"最佳解决方案"。

　　一方面，进行课后反馈。课后总结出教学的成效和不足。每个专业课教师所遇到的问题都是多样的，需要专业课教师和思政课教师合心聚力，发挥各自的优势和强项，通过互相交流探讨出切实可行又行之有效的方法来解决问题，找到提升点来达到想要的教学效果。反馈对于教师的教学效果和教学能力的提升都发挥着重要的作用。然而，只通过反馈来判断教育效果的好坏，还是不够的，教师还应该通过反馈的问题来进行"本质何在"的反思。

　　另一方面，进行教学反思。教学反思是指教师对开展的教学实践的效果进行自我审视、自我检验和自我思考。教学反思是教师对一定教学现象的分析认识活动，是一个发现问题、认识问题、解决问题的过程。反思使人进步，反思催人奋进。教学反思推动教师成长发展，教师通过反思发现自身的不足，不断进步。只有经验的教学是不完整的，反思是必不可少的。这就需要每一位教师根据自身的具体情况具体展开，在不断总结经验的基础上分析和改进。

　　在课程思政视域下，专业课教师开展育人教学活动，定会遇到问题，这既是提高的机会，也是通往成功的绊脚石。独自一人的反思能让教师看到自身的不足，而集体共同的努力才能化不足为进步，才能找到前进的方法。教师通过总结反思，归纳出教学的成功经验和失败教训，还有自己在教学活动中产生的感悟和体会。

除此之外，更重要的是要将这些反思的结果与其他教师分享交流，用开放的心态广泛吸纳他人的意见和建议，找到适合的办法，还可以学习借鉴他人的优点，为我所用提高教学水平。教学反思的内容是关注学生对学习内容的接受程度和接受效果，反思的目的是促进学生的发展，反思的结论也是以学生全面发展为中心而得出的经验总结。所以，教学反思真正做到以学生为中心，关切学生的所想所感，从学生的实际出发，这样就会激发出教师和学生的双重能量，提升教学的亲和力和针对性。

在课程思政视域下，对专业课教师既是考验，又是提升的珍贵机会。无论是课前、课中还是课后，对专业课教师来说都需要好好把握。做好课前充分准备，完成好课上的教学任务，德育智育双管齐下。课后认真总结，加强教师间交流合作，共促课程思政视域下进行协同育人有圆满收效。

2. 专业课教师为思政课教师提供知识支撑

专业课教师在对思想政治理论有了系统、全面的认识和理解之后，通过实际的教学活动将所学融入专业课中，这对专业课教师来说是一次知识迁移的考验，也是对思想政治理论的创造性运用。专业课教师结合自己所教的专业，在专业知识的基础上，将有关思想政治理论贯穿其中，不是机械的嫁接，而是以科学的专业知识为背景、以客观的现实情况为依据，对学生进行知识能力和道德素质的培育，这是具有远大前景的，对学生思想道德素质的提高有着重要作用。

一方面，专业知识具有强大的精神力量。在专业课的教学中，如在一些理工领域，专业课教师所教授的专业知识，不是抽象的，而是具体可感的，具有很强的实用性，符合实际需要，因此是很具说服性的。这在一定程度上为思想政治理论的教学开展，提供了强有力的支撑，让学生更易接受。相对于思政课中单纯的理论讲授，将思想政治理论融入专业课中，结合专业知识对思想政治理论进行深层的剖析，将理论与实际相结合，可以让学生更好地理解和践行。

另一方面，知识力量可以实现情感共鸣和升华。高校大学生所选的专业，大多数是学生的兴趣所在，在专业课的学习上，学生都十分重视和用心，认真听讲，勤于动脑，在课上积极与老师互动，课下对有关问题主动与老师交流。

总而言之，专业课教师在传授给学生渊博的专业知识的同时融入思想政治教育，以自身的高尚品德感召学生，可以让学生对所学有更加深入的理解。因为所有的知识都是为人成为一个"完整的人"服务的，而只有德才兼备的人才是"完整的人"。同样地，思政课教师在引导学生树立正确的世界观、人生观、价值观时，用丰富的科学知识做支撑，使思政理论更具说服力和科学性，为学生所信服和践行。

第四节 构建"育人""育才"并重的人才培养体系

一、"育人""育才"并重的高校环境营造工作

人是一切社会关系的总和,个体的社会面貌如何,取决于其社会化的进程与水平,而作为影响社会化重要因子之一的学校教育,在其中扮演着孕育人才的重要角色。学校教育的育人机制是否合理、科学,决定了培养出来的人才能否为国家与社会所用。

从人才的素质结构而言,知识与能力水平是个体立足于社会的基本素养,而"德"的塑造是社会个体立身处世之根本,这乃缘于"德行"水平直接影响着个人的世界观、人生观和价值观。所以,学校教育要在课程思政的理念背景下,建立合理有效、人才并重的运行机制,调整办学思路,大刀阔斧地进行教育教学改革,为国家与社会输送有用的人才。高等院校更应该不忘初心,努力做一个有理想有追求的大学生、有担当有作为的大学生、有品质有修养的大学生,为实现中国梦而奉献自己的智慧和力量。

(一)营造潜移默化的校园环境

环境造就人,人是环境的产物,人的各种思想的形成都离不开环境对其的影响,学生所生活的校园环境与朝夕相处的老师人格的影响力对"育人""育才"有着非常重要的导向作用。

互联网技术的日益普及所带来的信息渠道的复杂化、价值文化的多元化等已严重冲击着高校主流文化的主导地位。国家确立的社会主义核心价值观体系,是指导新时期高校进行校园文化建设的根本。面对一群最富有想象力和创造力、精力旺盛、活力四射、求知欲望强、接受新事物新信息的能力强的当代大学生,高校要根据其年龄特征及思想动态,迎合大学生的心理需求,不失时机地开展丰富、健康而又有实效性的涵盖着精神文化、物质文化、制度文化、网络文化等内容的各种各样的校园文化教育活动,以建构有利于大学生成长的校园环境。

高校可以开展主题教育,以及利用信息化技术手段和大数据分析平台开展文化产品活动等,营造旨在引导学生保持健康的生活情趣、积极的人生态度、良好的道德品行的文化氛围,以缩减学生对社会主义价值体系的距离感,提高其对社会主义核心价值观的认知水平与认同度。

高校也可以通过开辟校史馆、博物馆、科学家塑像、校史长廊等，对师生进行浸润式教育，努力把高等院校中的治学精神与育才理念融入人才培养的全过程。校园环境文化的独特影响力将会引领大学生追求有高度、有境界、有品位的人生，引领大学生树立远大理想、修身养性。具备积极乐观向上的人生态度、百折不挠的意志品质、奋勇争先的精神力量、不怕失败的心理素质，有助于为大学生日后步入社会打下坚实的思想基础。

（二）营造多维稳定的课外环境

学生在良好的教育影响之下能自主成长为一个合格的社会个体，在这一过程中，如何成就教育影响，关键之处就是能坚持寓"成人"教育于课程的课堂教育教学和第二课堂之中。

1. 创新课堂教学的载体与形式

（1）学生"成人、成才"的主阵地永远是在课堂上，而影响学生的第一要素就在于课堂环境给予学生的情绪与心理感受。环境心理学指出，如果人长时间处于某一物理空间，无法体验到心理宽松、自由、愉悦感，那么此环境只会敦促人尽快地逃离。所以，作为课堂教学的物理环境，不仅应该环境整洁、井然有序、空气清新、温度适宜、教室空间大小适中、桌椅的摆放形式美观，而且要让教学场所的四周墙壁能给学生以强烈的"视觉"冲击和"心理意念"的共鸣，如墙上可以挂着蕴含寓意的字与画，"敬、静、竞、净""亲善产生愉悦、礼貌带来和谐"等，以营造能给予学生"积极暗示"的心理氛围，为学生能愉快接受课堂教学的教育影响奠定心理基础。

（2）任何一门课程的课堂教学实施都要实现在教书中"育人"的教育目标。以立德树人为内核，旨在以构建全员、全程、全方位育人格局的形式将各类课程与思想政治理论课同向同行，形成协同效应的课程思政理念也应运而生。课程的实施者要有课程思政意识，要能寓德育教育于知识的传授过程之中，努力实现课程标准中的情感、态度与价值观的教育目标，以落实课程的育人功能，履行教师的育人职责。教学过程不仅是师生之间知识的授受过程，更重要的乃在于心灵之间交汇碰撞的过程。为能对学生世界观、人生观和价值观（三观）产生积极的教育影响，课程教师要做一个德行优良之人。教师要有积极的人生态度、豁达的胸怀、崇高的敬业精神、为人师表，只有德行优良的教师，才能真正树立"以人为本"的教学理念，引领学生去学习做人之道。

（3）师者还应该是个具有灵性之人，教育教学活动是一种富有艺术性、创造性的活动。课程的实施过程，要求教师在以多样化的教学方式充分发挥学生学习知识的主动性与积极性的同时，还要不失时机地聚合学生的智慧，在与学生建立宽严相济、民主平等的师生关系中通过教师自身的德行修养给予学生以正能量道德感的冲击，并结合专业课程教育的特点和社会发展中的热点、聚焦点，引领学生把学过的学科理论知识尽可能地转化成自己的人格品行和专业知识能力。

课程教师在知识的授受过程中要学会挖掘课程中的思政元素，尽可能将课程思政与教学内容相结合、与社会主义核心价值观相结合、与公德心培养相结合、与专业信念培养相结合、与职业实践相结合，将知识传授与价值引领相结合。让思政元素在课程实施中鲜活起来，创造一种极具创新性和感染力的教育方式，为学生营造能产生情感共鸣、价值引领、宽松和谐的课堂教学环境，帮助学生实现知识、情感、态度与价值观的"软着陆"。

2. 发挥社会教育实践平台的育人作用

高校要根据不同专业的人才培养方案，调整思路，开拓社会实践市场，充分利用社会教育实践平台的思政元素，给当代青年大学生上好"职业人生必修课"。

（1）学校应注重与地方政府、社会机构、企业等各种社会资源达成多层次、多类型的实践合作，如专业实习实践、志愿者社会公益活动、三下乡活动等。在为大学生创造社会实践与社会体验的同时，加强"校方"与"实践方"专业指导人员之间的"无缝对接"，以实现包括专业能力、专业信念、"三观"的正向影响，让学生在积极参与社会市场运营与管理的实践中，不断积攒日后能更好地适应社会岗位而具备的思想基础、心理基础和认知基础，紧跟时代砥砺前行，情理兼修，勇于开拓。

（2）努力建设创新创业的孵化基地。孵化基地是指学校与校外企业或机构共同合作而组建成的创新创业创客的服务平台，它能为大学生提供真实地运作社会市场项目、接触社会及行业的机会，以鼓励大学生不墨守成规、敢于探索、破旧出新，不断追求新想法、新思路和新方案。高校除了为学生提供创业空间、创业资金及政策咨询指导等方面的支持之外，还应紧紧地把握住时代的脉搏，引导学生养成正确的职业操守，并适当地开发相关的创新课程，注重营造创新创业环境氛围，以点燃学生的创新创业热情，最大化地提升学生的创新创业实践能力水平。理论性知识只有赋予实践意义，才是有价值的。教师在课堂中教授给学生的知识与技能，只有在社会实践中通过学生自己的实践、体验与感悟，才能真正内化为学生的观念，进而指导学生的行为。

（三）营造宽松自由的心理环境

事物变化的外因要通过内因起作用，育人环境能否变成一种积极的教育影响，最终还是取决于置于其环境中的"人"的因素的主动性。人的主动性更多地体现为心理层面上的能动性品质，对大学生而言，要能在他们身上堆砌起诸多的心理能动性品质，关键在于要努力提高他们的自我意识水平。提高自我意识水平是社会个体进行自我教育的前提,也是实现教育内化的关键。

第一,如果大学生能够对自己学习生活中的事情做出合理的选择,同时又有能力来调节自身行为以实现学习生活目标,即具有较强的自我调控与自我选择能力水平,其成长的"轨迹"就会比较顺利,即使遇到逆境、挫折也一样能够坚持下去。

第二,重塑自信心、自尊感是提高大学生自我教育水平的关键。一个人的自尊需要如果得到满足,他就会体验到自我价值、感到自信,从而获得自我肯定,同时也会对生活感到满意和幸福,相反,低自尊感一般与压抑、焦虑、集体生活不适应是相联系的。在大学生的学习、生活教育活动中,作为学校组织者要积极关注大学生的心理感受,在让他们尝到成功的"甜头"之时要给予及时充分的肯定与鼓励,在他们遭遇"失败"之时要注意抚慰其情绪帮助其渡过难关,与学生一起理性分析失败之源,以激励他们做到不气馁、不退缩。

学校或是教师要积极创造一切条件,鼓励大学生主动参加社会实践活动,以增强意志磨炼与内心的碰撞。让他们在找到成就感的同时,能找到真实的自我,懂得忍耐、懂得感恩、懂得自律,从而在心理上逐渐强大自己,为日后适应社会准备一定的社会效能感水平。

总之,处于大学阶段的学生自我教育水平还是很有限的。为让他们能真正成人、成才,高等院校要努力迎合其心理需求,坚持课程思政理念,创造一切机会,发挥课堂教学与第二课堂教育实践的作用,追求"协同效应",营造健康的育人环境,以培养出有理想、能担当、德才并重、坚定信仰、砥砺品德、为社会创造财富的人才。

二、"育人""育才"并重的网络教育平台建设工作

课程思政的网络教育平台,是一种利用数字技术、多媒体技术等现代化高新技术进行教学的平台,是巧妙地将高校思政课融入网络信息技术的一种高效学习模式。该平台集师生交流、思政学习教育于一身,是一款多功能的高校思政课教学教育系统。该系统通过整合网络资源,将信息最大化全方位向学生展示,帮助全国高校更顺利地开展课程思政教育。同时,建立建设课程思政网络教育平台,能够实现网上资源共享,弥补传统课堂教学的不足,更便于同学们学习,提高课程思政教育效果。

(一) 课程思政网络教育平台建设的要素

1. 思想要素

课程思政网络教育平台建设的主要思想就是以马克思主义哲学思想为指导，坚持该项思想要素，永不偏离。积极跟随高校党委的引导步伐，重点掌握学科主要思想，积极推进课程思政实践工作。

课程思政教育工作不仅仅是对于学生的思想政治观点进行摆正，更重要的是引导学生关爱社会，培养学生的探索创新精神，践行社会主义核心价值观，在课程教学中，将思政课所传达的精神潜移默化地植入学生观点中，帮助学生增强理论自信、文化自信，更好地弘扬社会主义。

2. 理论要素

在课程思政网络教育平台的建设中需要坚持以下两种理念。

（1）坚持顶层设计。积极响应国家号召，根据国家对于高校思政教育的总体建设目标，合理安排教学工作计划。设置教学工作规定，全面提升思政课教师综合素养，提升对于思政工作的认识以及教学能力，巧妙安排网络教育平台的课程设置以及活动安排。

（2）坚持改革创新。时代在不断变化，思想政治教学工作的总体目标以及细节安排也在不断变化，将传统教育与现代高新技术进行融合则显得十分关键。利用网络开展课程思政教育，以学生为主体、教师为辅助进行思想政治上的引导，促进学生思想深化改革，打造符合国家要求的、思想端正的高水平人才。

3. 制度要素

任何实践探索的开展，制度要素都是必不可少的。平台建设必须以制度保障为前提，通过教育主体主观能动性的激发，提升思政课程魅力。

教学主体制度方面，由于马克思主义学院负责整个学校的思想政治教学工作，因此必须发挥领导协同作用，共同开展思政课程和其他人文社会科学教学的协同创新机制，建设规范有序的学科教学管理制度。

在教学管理方面，高校要严格制订培养方案，选择合适的思政教材，将马克思主义理论思想作为思想导向，形成符合国家要求又具有学校特色的思政办学制度。

4. 资源要素

课程思政网络教育平台建设的最基础要素就是资源，而课程思政网络教育平台应至少具备以下学习资源，才能更好地满足教师与同学们的需求。

（1）课堂教学内容。高校可以在课程思政网络教育平台上放置课堂教材的相关课件，同学们可以通过这些课件进行自主学习。高校应通过网络教育平台最大化地激发学生对于学习的热情，进一步提高学生的学习效率，补充教师课上由于课堂时间不足而没有提及的知识点，实现思政教学的高效化。

（2）理论区域。高校可以在课程思政网络教育平台上设置一些新型模块，如经典文献与理论探讨。在经典文献模块，可以发布一些思想政治教育方面的经典文献，感兴趣的学生们可以自主选择性阅读，同时知识面也得到相应拓宽；在理论讨论模块，同学们可以对于课堂学习以及自主学习的难点疑点进行讨论，巩固课堂知识，提升学习知识量，加深对于思政的理解。

（3）时政新闻速报。现代社会信息高速传播，自媒体行业兴起并且迅速膨胀，各类新闻报道真假错乱，新闻评价鱼龙混杂，学生们难以了解事情的真相，很容易受到错误思想的影响。因此，高校可以在课程思政网络教育平台上设置时政新闻速报内容，设置一些新型模块，如学校速报以及社会速报。学校速报主要是及时更新一些教育部有关思政教育的报道以及全国高校关于思政教育的最新举措；社会报道模块会及时地更新新闻政治内容，对于社会热点问题进行评价，引导学生的政治思想向正确的方向发展，理性看待问题，将在思政课程中学到的知识进行合理运用分析，知行并进。

（4）辅助教学管理。由于课上的时间比较紧张，教师讲授思政知识常常难以完成所有内容，在作业以及其他教学管理上更是没有时间。高校可以在课程思政网络教育平台上设置辅助教学管理模块，负责公布学校的一些思政教学计划、考试安排、作业布置等，以及学校对于思政教学工作临时做出的部分调整，辅助学校更顺利地开展思政教学工作。

5. *技术要素*

课程思政网络教育平台在技术上必须具备以下特征。一是高度的稳定性与安全性。该平台系统由于是为学生用户服务，必须在大量的用户同时访问时能够保证运行速度，避免影响学生学习。同时平台的安全性必须得到保证。从控制访问、认证安全、数据加密、安全系统等多方面对体系进行安全性设计，提高系统的安全性。二是开放性和可扩展性。平台应基于J2EE架构，采用B/S系统结构，采用中间件技术，提供开放接口，便于不同厂商的产品和不同软硬系统在平台上的集成；平台应根据不同的硬件配置进行灵活部署和组合，易于升级和更新；平台容量应满足用户数量的考虑。

（二）课程思政网络教育平台建设的策略

第一，利用"两微"形成共享格局。现代人无论是生活、学习还是工作，几乎都离不开互联网。在课程思政网络教育平台进行建设时,可以利用微信、微博等交流软件搭建一个网络互动分享平台,师生通过这些生活中常用的软件进行沟通,对于任何思政话题都可以进行讨论。教师可以发布一些国家大事、社会热点新闻等,并做出一些中肯的、符合社会主义核心价值观的评论,正确地引导学生。同时,以课后作业等形式要求学生发布对于某些社会热点的看法,对于思想偏离者及时跟踪,予以指正。

第二,建设完善人才培养机制。课程思政网络教育平台就是利用虚拟的互联网空间,对于网络虚拟教学资源进行整合,对于学生的政治思想进行干预以及正确的引导,以便更好地为学生服务。高校要利用网络教学平台建设具有自身特色的教学工作,引导学生在该思政课程教学平台上发表言论,并且后台数据库收集学生的意见,对于课上教学内容做出适当调整。搜集回答具有创新性以及思想积极的言论反馈在讨论区主页面,以便更好地引导学生的思想,对于不当言论,教师应当及时干预,进行教育,全力培养优秀的思想端正的高素质人才。

第三,彰显思政课程育人网络资源模式。传统的书面教育对思想的渗透已经不能满足现代社会网络文化的传播速度,因此把握丰富的网络资源,对于学生进行思想教育,是当下最高效的途径。教师应该整合思政教学教材内容,结合时代热点,进行学生的思政教学工作。同时,结合网络平台,开展相应的活动,充分利用网络资源,使得思政教育在高校教学工作中取得更好的效果。

第四,形成"互联网+教育"思政育人体系。若想形成"互联网+教育"的思政育人体系,高校思政课程教师应当顺应时代发展,更新教育观点及模式,心平气和地接受信息化教学模式,学习该模式下的操作技术,掌握信息化教学设计方法,提高综合素养;开展思政课教师专业课程培训,使教师深度学习信息化教学的模式,提高微课制作、视频剪辑、网络课程平台建设等基本信息处理能力;在全校安装"智慧教室",实现智能装置的全校覆盖,确保"互联网+教育"顺利开展。

课程思政网络教育平台的构建,在思想政治课程的教育中起到非常好的帮扶作用,能够更好地开展具有自主性、协调性的教学,避免传统教育模式的缺点,提高教学效果。在课程思政教育工作中大力推广网络教育平台的建设,可以全面提高思政课程的教学效率,最终实现高校"为党育人,为国育才"的价值追求。

第五章 课程思政教育的多元实践探索

第一节 素质教育的课程思政实践

素质教育的落实在于培育人才的德智体美劳综合能力的提升，实现全面提高人才培养质量的目标。课程思政作为全面提高人才培养质量的重要载体，通过对各类课程思政元素的深入挖掘，逐一突破，全面探究思政教育与各类课程的融合办法，努力培养德智体美劳全面发展的专业精英人才，可见课程思政是素质教育的具象化举措。素质教育包括创造性能力培养、终身学习教育、自学能力培养等方面，基于课程思政建设实现素质教育理念的改革创新与具体化运用。在现代社会的人才需求下、在党和国家的人才培育方针政策的指引下，课程思政是素质教育持续推进的创新举措。

一、素质教育课程思政的教学体系

（一）素质教育课程思政的教学目标

素质教育课程思政改革模式创新，开展顶层设计，着重探究专业课程的课程思政教育教学。素质教育课程思政以立德树人为核心，通过顶层设计实现课程专业教学与思政教育教学的同向同行。以世界观、人生观、社会主义核心价值观、社会公德教育等素质教育主要内容为立足点，进行课程教育教学目标的重构，包括知识、能力、价值三大目标。

知识目标：基于课程思政的知识传授，立足专业知识的教育教学；提取具备思政主体的专业知识，进行教学课程的重构，通过显性隐性相结合的方法推进素质教育中德育与智育的融合并进。

能力目标：基于课程思政的能力培养，立足专业学习、实践、创新能力的教育教学；通过课程模式、教学方法与教学检验等多环节配合，实现素质教育的创造性能力培养、劳动观念教育、审美观念与能力培养，从而实现素质教育德智体美劳的全面改革。

价值目标：基于课程思政的价值塑造，立足专业知识内涵挖掘与意识形态外化表现的教育教学；推动实现"三观"及审美观的综合教育教学，并以此为目标进行素质教育的科学创新。

由此可以看出，素质教育课程思政改革可推动教育顶层目标的立体多元化。

（二）素质教育课程思政的教学模式

立足教育教学的主体，明确"传递—接受"式与"自学—辅导"式相结合的素质教育教学模式，通过课堂教育主体的转换实现学生综合素质能力的培育。基于课程思政的专业教育教学，在知识传授中，秉承赫尔巴特四段教学法中的"传递—接受"式教育教学，将素质教育融合在知识传授中，具体可以体现在课程章节的设计、案例的选择等教学内容之中。"自学—辅导"式教学模式在专业知识理论讲授完成后，指导学生独立学习探究，培养其学习能力、思考能力。

立足教育教学内容，实现"探究式"科教结合与"发现式"竞赛实践结合的专业课程素质教育教学模式。基于课程思政的专业课程进行课题项目申报，搭建起良好的科研教研平台，通过深入研究专业课程的思政内涵主题、案例，以学术科研的形式培育学生自主学习、深入探究的能力，不畏艰苦、敢于行动的优良品质。基于课程思政的主题竞赛、实践，以具体竞赛主题、文化精神为指引，实现专业课程的具体运用，不断提升发现问题、解决问题的能力，实现素质教育的创新教学模式。

（三）素质教育课程思政的教学方法

素质教育课程思政教学方法综合运用线上线下媒体平台，实现人才培养的全过程。素质教育课程思政顶层设计，在多元化的教学模式中实现知识传授、能力培养与价值塑造，实现一流人才的综合素质培育。

在整体教学方法中创新运用线上线下两重媒介平台，在线下的课程教学、实验探究、实体考察中切身体会思政内涵在专业课程中的体现；教师通过科研竞赛实践等方式进行素质教育的创新教学，通过线上线下平台的结合进行指导、答疑，把握正确研究方向，给予学生更广阔的独立思考空间，最大限度地为学生提供创新创业的舞台；创新学习评价体系，以学生互评、竞赛评定、网络发布等方式，在锻炼学生的专业应用、创新能力的同时，既加深学生对思政主体的理解吸收，又加大思政内涵的社会推广。区别于以往素质教育的单一形式，课程思政视域下的专业课程教学方法，更有利于学生德智体美劳以及创新能力等的全面发展。

二、素质教育课程思政的实践策略

（一）素质教育课程思政的基础——课程

在学生素质培养过程中，只有实实在在地加强课程建设，才能凸显学生品行和社会主义核心价值观的引领作用。在进行人才素质培养时，想要充分夯实课程思政建设的课程基础，就需要教育工作者透彻地了解课程建设的基本规律，并不断强化课程建设在教育实践中的管理。

在具体推进课程思政建设过程中，教学管理机构担负着极其重要的作用，在课程设计、内容安排、教学标准和课程评价等方面需要制定规范的标准要求和指导意见。各级各类学校不仅要扎实做好教书育人这一重要工作，还要努力培养社会主义的建设者和接班人。学校必须把所有课程思政建设工作作为教育教学改革建设的一个重要组成部分，认真挖掘每门课程与思政课程有机融合的具体内容，并研究出恰当的融合措施。在进行教育教学时，配合实施一些必要的现代化教学技术和教学策略，有助于提升思政课程的课堂教学效果，使课程思政课程趋于常态化，成为学校素质教育教学的有力保障。要更加凸显社会价值观在学生素质教育实施中的中心地位，充分将社会主义核心价值观内容融入课程建设之中，在具体教育教学过程中得以充分体现。

在思政课程设计中，要注意达成立德树人的重要目标；在实施课程教学及效果评价时，更要体现立德树人这一重要因素；还应将立德树人和教学效果作为衡量教学过程及效果评价的重要依据——始终把立德的教育理念贯穿在培养学生素质的过程之中。思政元素要在素质教学内容中渗透，要在素质教育中培养，要在课程的教学设计过程中深入挖掘课程知识点内涵，要紧密跟踪学生学习状态，在恰当时间融入思政元素，在潜移默化中将思政元素与价值导向相结合。在当前网络自媒体时代，课程建设还要发挥互联网作用，充分利用互联网手段，不断丰富课程思政内容，提高课程思政在素质培养方面的效果。

（二）素质教育课程思政的要素——活动

思政元素在素质教育教学活动中的延伸，在学生素质培养过程中，不仅体现在课堂课程教学过程中，更多地需要延伸到学生的课余活动中。

学校应在课余活动方案的设计上充分融入思政的理念，以社会主义核心价值观作为活动设计和开展活动的出发点和落脚点，充分发挥业余活动在学生素质培养和核心价值观形成中的作用，让社会主义核心价值观在"润物细无声"中发挥潜移默化的作用。在世界观、人生观、价值观及社会主义核心价值观的形成过程中，学生受同伴之间相互学习与借鉴的影响有时比从教师那里得到的影响还要大，因此在素质培养过程中要充分发挥学生团队作用。在活动开展中可以将学生分成若干小组，让同学们学习风格和课程基础得到相互补充，思想意识和行为习惯得到互相影响。

在活动实践项目中培养学生的团队协作意识，在提升学生素养的同时培养学生合作、沟通、包容、理解、尊重他人的合作素养，通过课余实践活动的设计与实践进一步培养学生的品格与品行。

（三）素质教育课程思政的效果——学生

教育教学的根本目标就是把受教育者培养成全面发展的社会主义建设者和接班人，即高质量的人才。检验课程思政课程改革在素质教育中的教学效果，主要就在于学生，关注学生是否具备服务社会的能力，是否能得到社会的广泛认可。高校在进行素质教育时，应始终坚持以立德树人作为教学理念，并在教学理念的引领下制定出科学合理的课程体系、课程内容以及课程评价标准，力争为社会主义建设培养出更多高质量人才。

学校应从为社会主义培养合格的建设者这个角度出发，认真研究制定出适宜的能促使素质教育与课程思政有机融合的教学设计及教学内容。各级教育主管单位还应该积极探究"互联网+"大环境下学生的思想状况，了解当代学生的思想特征及认知水平，并结合"互联网+教育"理念深度剖析课程同思政、同素质教育相融合的教学内容，利用现代化的教育技术，使素质教育的效果显著增强，人才培养的质量大幅提高。在这个网络迅速发展的信息化、多元化时代，学生的思想在网络和社交媒体快速发展的影响下也呈现出不同的特点。各级各类学校要依据其办学理念，根据学校对人才素质培养的目标，结合学生的思想特征，制定出较为科学合理的以课程思政为基础的素质教育评价标准，促使立德树人的教学目标有效达成，最终通过人才为社会主义现代化事业发展的贡献程度来凸显思政课程与素质教育有机融合所达到的教学效果。

人才素质培养是学校教育的根本任务，学生素质培养尤其是社会主义核心价值观的培养更是立德树人教育理念根本所在，课程思政的理念在学校学生素质培养中需要得到充分应用。

第二节 德育教育的课程思政实践

课程思政要求教师开阔思维，充实课程的思政内容和方法，将社会主义核心价值观、个人道德修养与社会公德培养、爱国主义教育、中华优秀传统文化及专业伦理教育等内容渗透到专业课、实践课及其他教育活动中，从而对大学生的世界观、方法论和价值观产生积极正面的影响。

一、课程思政与德育文化

（一）课程思政与德育文化的内在关联

课程思政的理念与传统德育文化有着本质的内在关联。从指导思想来看，课程思政是中国传统文化"大德育观"的继承与发展，即将教学生做人做事作为所有教育的首要目标。所谓传统德育文化，是传统文化中有关道德教育内容的部分，是中华文化的核心组成之一，包含了丰富的价值理念与教育方法，其目的是构建稳定和谐的社会关系。德育文化的存在让中华文明具有强烈的道德教育色彩，也让德育成为传统教育的核心任务，让中华文明具有极强的凝聚力和生命力，数千年而延绵不绝。

中国传统德育文化是政治理想、思想教育、道德规范"三位一体"的完整体系，蕴含了政德合一、修身治国的哲理，有很高的思政教育价值。其中许多内容不仅成为如今耳熟能详的概念和用语，而且构成了社会主义核心价值观的重要基础。正因如此，传统德育文化可以成为高校在专业教学中进行思想道德教育的重要内容，是进一步进行中国特色社会主义理论教育的基础和引申，更是振奋民族精神的重要思想武器。

将传统德育文化渗透到各学科教学中，既有其必要性，又有其可能性。课程思政为普及传统德育文化提供了契机，传统德育文化也由此成为课程思政的重要课程资源，充实丰富了社会主义核心价值观教育的内容与形式。从课程渗透的可能性来看，高校开设的所有课程均具备融入传统德育内容的基本条件。

中华传统德育文化内容极其丰富，与各学科教学内容均能紧密契合。人文社会科学课程如文学、历史、政治、社会学、教育学、法学、经济学等都包含了大量的传统德育内容，而自然科学领域的各个学科当涉及人的需要和社会价值维度时也与传统德育文化有着千丝万缕的联系，在各科教学中渗透传统德育文化具有很强的可操作性。从文化视角来看，课堂教学中融入传统德育文化元素，符合中国人的文化倾向和心理结构，易于被学生所理解与认同，也为进一步为宣扬中国特色社会主义理论奠定了文化与心理基础。

（二）课程思政目标与德育文化的价值

从目标定位来看，课程思政的主要任务是在学科教学主渠道强化高校思想政治教育，对大学生在理想信念、价值取向、政治信仰、民族精神和社会责任方面施加正面影响，全面提高他们缘事析理、明辨是非的能力。这些任务可分解为相互关联的三个子目标，即道德关怀提升道德修养与社会责任感，政治诉求坚定社会主义信念，民族自信传播中华文化价值观，其核心是价值观的塑造。要实现这些目标，需要专业教学与思想政治教育协调统一，让"知识传授"和"价值引领"真正融为一体，在专业教学过程中全域、全息化地融入思想教育的理念、目的、手段和技巧。德育文化的课程思政价值则主要体现在它对实现课程思政目标的贡献上。德育文化渗透了爱国爱民的思想，强调人生理想和社会担当，联系着中华文化的道德教育传统和当代思想政治教育的需要，在学科课程中渗透传统德育文化有助于实现课程思政道德关怀、政治诉求、民族自信的三维目标。

1. 渗透德育文化是课程思政道德关怀的必然要求

德育文化的核心是强调个人道德修养与人伦教化，这为通过课程思政促进大学生道德成长和培养其社会责任感提供了大量的思想元素和教育内涵。中华传统德育文化在几千年的发展过程中形成了以礼义廉耻、仁孝诚信、忠恕和睦为代表思想的价值体系和教育目标，并通过相关教育活动促进了国家的和谐和稳定，提高了社会的文明程度。虽然其中有些概念不可避免地具有历史局限性，但其基本思想通过当代更新，依然是今天中华文化的价值核心，是人们道德立身、为人处世的依据。其中"仁者爱人""己所不欲，勿施于人""三军可夺帅也，匹夫不可夺志也""天行健，君子以自强不息"等理念有着很强的道德感召力和价值塑造功能，具有激励大学生宽厚待人、奋发向上、积极进取的教育价值。

德育文化的一个核心目的是教人明辨是非，包含了大量的明理教育思想。所谓读书明理，也就是通过学习认识和遵循为人处世的道理。为此，天理和道德良知被提升到很高的位置。这种为人的道理被赋予了天的崇高性，同时却又把决定权置于个人手中，要求他们自觉自愿地做出理性判断和选择。因此，传统德育的主要概念与方法不管是"格物致知""致良知"，还是"知行合一""经世致用"，都为大学生指出了治学的方向和道德修身的途径，有助于学生理性思考，坚定意志与信念，克服当代浮躁、功利的社会风气。

在社会担当方面，传统德育文化更是为大学生提供了许多极为生动的关于爱国敬业、胸怀天下的思想素材和道德成长方案。例如，"内圣外王"作为一种人格完善和政治理想相统一的哲学信仰，为学生提供了服务社会的心理导向与情感基础。这种信念把"修身"与"齐家""治国""平天下"联系起来，主张通过自身的道德修养来追求人生理想与政治抱负，以实现服务社会和国家之目的。这种家国情怀中的精神内核今天可以转化成为强烈的社会责任感、爱国情操和理想信念，而这恰恰是当前许多大学生所缺乏的素养，也是当前各科课程教学中较易被忽视的内容。

2. 渗透德育文化有助于课程思政政治诉求的目标达成

课程思政的政治诉求目标其实质是强化高校的社会主义办学方向，进行社会主义思想教育，尤其是社会主义核心价值观的教育。大学生社会主义核心价值观的塑造离不开对传统德育文化的诠释和升华，传统文化是社会主义核心价值观的重要基础和组成部分，而践行社会主义核心价值观的教育也需要得到中国传统德育文化的支撑和滋养。培育和弘扬社会主义核心价值观必须立足中华优秀传统文化，牢固的核心价值观都有其固有的根本，博大精深的中华优秀传统文化是我们在世界文化激荡中站稳脚跟的根基。社会主义核心价值观中的文明、和谐、公正、爱国、敬业、诚信、友善等社会主义核心价值的凝练和培育都离不开中华传统德育文化的肥沃土壤、思想资源和精神要素。中华传统德育思想为社会主义核心价值观提供了价值基础、心理倾向和源头活水，而后者中一些核心价值观也可视为中华优秀传统文化的创造性转化和超越性升华。

在教学中渗透这些德育内容，对于各学科课程宣扬社会主义核心价值观十分重要，它让核心价值观符合中华传统文化心理结构、情感内核和认知方式，更易于接受和理解，这些德育文化内容还可以作为学科知识和价值观之间的桥梁，为进一步阐释当代社会主义核心价值观提供文化内涵，使后者具有丰富的思想性和持久的生命力。

3. 渗透德育文化有利于课程思政民族自信的目标实现

课堂教学是思政的主战场，大学各科教师应该通过教学弘扬主旋律，讲述中国故事，振奋民族精神，而渗透传统德育文化内容则为实现这一目标提供了重要内容和方式。民族自信首先就是文化自信，特别是对中华优秀传统文化与价值取向的自信心。传播中华文化价值观，需要从青少年开始。只有包括大学生在内的中国青少年接受、认同和实践中国价值观，获得民族自尊自信，才能真正地向世界传播中国文化，并从价值观教育的层面为构建人类命运共同体做出贡献。

中华传统德育文化中的仁爱、和谐、宽容、互惠互利、自强不息等价值观具有超越时空的人类共同价值，能为人类和平和文明进步做出贡献。例如，"忠恕之道"秉承"己所不欲，勿施于人"的中华文化精神，有利于处理和协调人与人之间的矛盾冲突；宣扬"和而不同"则有利于协调不同文明和价值体系之间的关系，避免极端思想。德育文化中顺应自然、少私寡欲的观念也对当前世界应对环境污染、资源匮乏等问题有着重要的教育意义。教授这些德育思想能帮助学生认识中华文化的价值，以实现文化自觉、文化自信和文化自强的目的。

二、德育课程思政的实践策略

与一些大学通识课程专门教授传统文化的方式不同，课程思政要求各科教师将传统德育元素渗透到各学科课程教学中去。这就需要高校相关工作人员挖掘其学理、机理和方法，积极探索将传统德育文化融入学科教学的途径和方式，使之能真正与学科教学知识点相融合，充分发挥优秀传统德育思想的课程思政价值。依据学科教学及传统文化的特点，传统德育文化的课程渗透一般可采用知识关联、概念活化、价值引领和情感认同等方法。

（一）知识关联

知识关联是指教师有意识地将相关传统德育概念与学科教学中的一些知识点联系起来进行阐释和引申的方法。关联知识点和相关德育概念，一方面，让这些传统德育思想有了与学科知识相互融合的机会，凸显其价值塑造功能；另一方面，有利于教师阐释这些知识点，赋予知识以丰富的社会内涵。

知识关联的意义在于实现知识层面与价值层面的贯通、传统思想与现代理念的沟通。例如，在专业教学中融入传统德育文化关于"义与利"的讨论有助于破解当前普遍存在的道德困惑和信念缺失问题，对于学生成长有着特殊的专业伦理教育价值。

（二）概念活化

一些学科的基本概念也可在传统德育文化的渗透中得以活化，活化是指将价值理念注入一些抽象的"客观"概念中，赋予后者以人文取向、生命意义和社会功能。如在建筑课上渗透传统德育中道法自然、以人为本的理念，可从文化层面影响建筑设计思路，让相关设计中的概念得以活化和升华。

许多传统德育元素还可以起到桥梁的作用，来进一步引申出社会主义核心价值观的意义，教师通过融合优秀传统德育概念与学科知识点，并以之为基础进而讲授社会主义核心价值观的文化意蕴，可充分展现中华价值观念的继承、发展和创新的思路进程。

（三）价值引领

知识关联与概念升华的最终目的就是进行价值引领与塑造，价值引领不仅是德育文化的要义与宗旨，同时也是实现其课程渗透的必要方式。

课程思政要求教师在专业知识教学中运用多种思政资源对学生进行价值观的引领和塑造，从这个角度来说，教师在学科教学中可有意识地联系相关优秀传统德育元素，宣扬传统德育中"求道""求真""求实"的人生取向，进而讨论社会主义核心价值观，以实现教学的道德关怀与价值塑造之功能。这实际上是赋予学科知识以正确的社会意义阐释和文化价值导向，激发学生的民族自豪感并培育其个人理想与社会担当的过程。

（四）情感认同

情感熏陶与美的感染是将传统德育文化融入学科课程的重要方法，也是实现课程思政的立德树人目标的必然路径。中华传统德育文化的一个独特之处是强调情感因素和美的感染力在道德教育中的作用，价值观的塑造要通过情感体验、人文关怀和培养高尚的审美情操等来实现。在理性道德思考同时加之以情感教育和审美情趣让传统德育文化具有独特的魅力，这反映在家国文化礼乐教化的过程中，特别是父慈子孝等人伦情感培育之中。

从课程思政的需要来看，要实现文化认同和价值塑造的目标尤其需要让学生得到情感与美的体验，从而不仅从理性的层面来学习中华传统德育文化核心价值于本学科的社会意义，而且从情感和心灵的层面来认同与强化。教师在教学中渗透中华传统德育文化应该恰当地采用情感学习和审美体验的方式，综合运用教学内容、音视频、图片等媒介和课堂对话的方式来产生情感与美的感受，并以此促进社会主义核心价值观的教育，而家国文化的心理结构也让这种方式易于接受和产生共鸣。情感和美有助于德育文化元素的活化与升华，从而使得中国特色社会主义的理想信念教育更加生动和丰富，具备深厚的情感基础与美的意蕴。

在学科教学中渗透传统德育文化，要求教师先对传统德育文化的内容进行有选择性的继承和当代内涵更新，以适应时代的变化和当代大学生的要求。这在进行社会主义核心价值观教育时尤为如此，需要甄别和遴选富有人类共同价值的内容，并挖掘其现代意义。例如，将"以和为美""和而不同""和合精神"融入并充实到社会主义核心价值观的"和谐"概念中，并结合中庸思想进行讨论，以避免极端思想和偏激情绪；选择"天下兴亡，匹夫有责""精忠报国"充实"爱国"的价值观；把"仁者爱人""与人为善"以及"守望相助"的关爱精神融入"友善"范畴；把"言必信，行必果""民无信不立"纳入"诚信"的价值观；把"天下为公""公而忘私""舍生取义"融入"公正"范畴；将"言忠信，行笃敬""知行合一"及"精益求精"的工匠精神融入"敬业"范畴。另外，"天人合一""回归自然""无为而治"等德育理念也应该渗透在课程中以培养学生保护环境、促进社会和谐的意识。

在进行课程渗透时并非照搬传统德育元素，而是需要对这些传统德育的内容进行创造性的转化和思想内核的创新性发展。例如，"礼之用，和为贵"的和谐思想在传统德育文化中具有积极的意义，在今天的教学中，教师更应该强调社会平等与公正条件下礼的运用及其社会和睦之功能，这样可以赋予这些传统德育内容以现代价值。

总之，德育文化是课程思政教育的基础性课程资源，而在各学科课程教学中渗透传统德育元素则是实现课程思政三维目标的重要方式。尤其是在价值塑造功能和道德情感培育方面，渗透传统德育文化让学科知识得以活化，让社会价值与方向更加明晰，让社会主义核心价值观的内涵更加充实和丰富，从而有助于实现中华优秀传统文化与社会主义核心价值观的双向提升，学生学科知识学习与价值塑造的同步发展。虽然中华传统德育文化不是课程思政学科渗透的唯一内容，却是宣扬和传播中国特色社会主义理论的基础和重要组成，并为进一步结合学科内容进行思想政治教育提供了生发点。从这个意义上而言，它不仅是学科教师的重要课程思政资源，也为其具体的教学设计与教学创新提供了一个好的切入点和实施路径。

第三节 生态文明教育的课程思政实践

生态文明包含了人与人之间以及人与自然之间的关系的全部内容，是人类存在的基本样式。生态文明教育应当被解释为一种有目的、有计划的培养活动，这种培养活动的主要目的在于帮助人们正确认识和改善人与自然、人与社会以及人与自身之间的关系，并在此过程中不断提升人们的生态文明素养。生态文明教育与环境教育、可持续发展教育相区别，是继两者之后的进一步提升与发展，同时，也是相关教育理念的升华。

一、生态文明教育的界定与特征

（一）生态文明教育的界定

作为社会发展的主力军，学生和其他社会群体相比有其自身的优势。大学生拥有一定的理论知识和较高的思想道德素质，可以更全面、更客观地看待问题；同时，具备较全面的认知能力，并有明确的人生目标；大学生的学习能力也比较强，可以较为合理快速地完成任务。

大学生生态文明价值观的形成主要是在大学时期，这一时期的高校生态文明教育主要是要培养大学生保护环境的责任意识，帮助大学生树立生态文明观，对其生态行为起到一定的约束作用。生态文明教育是教育者在贯彻落实国家有关生态文明建设的具体要求下，结合学校和教育对象的实际，采取多种多样的教育方式方法，有目的、有计划地帮助受教育者养成尊重自然、保护自然、人与自然和谐发展的生态文明理念，引导大学生为实现生态文明建设的目标而服务的教育实践活动。通过这种教育实践活动可以培养大学生热爱自然的情感，帮助大学生树立生态文明意识，正确认识人与自然的关系，让大学生认识到生态文明建设人人有责，为建设生态文明社会贡献自己的一份力量。

生态文明教育不是一项简单的工作，它是十分复杂的，由多种要素构成，如教育者、受教育者、教育内容、教育目标等要素，它不仅要求对大学生进行生态环境的相关知识及生态文明意识的教育，还涉及对大学生解决和处理环境问题的能力等方面的培养。生态文明教育是高校德育和高校思想政治教育学科建设的重要组成部分，同时也是生态文明建设不可或缺的重要一环。

（二）生态文明教育的特征

生态文明教育有其固有的特征，具体来说，主要体现在以下三方面。

第一，全面性。生态文明教育可以帮助大学生了解生态环境现状，让大学生了解自己目前所处的环境及未来所要面临的挑战；帮助大学生学习国内外有关生态方面的法律法规，通过对法律法规的学习，让大学生明确其生态责任与所要承担的义务。生态文明教育还对大学生的生态行为进行约束，帮助其养成良好的生态行为习惯。需要注意的是，对大学生进行生态文明教育不只是教师的事情，整个学校的工作人员都要参与进来，要实现全员参与，以营造一种良好的校园教育氛围。

第二，整体性。对大学生进行生态文明教育不是一个人或者一部分人的工作，而是一项系统性工作，需要学校各个部门之间的相互配合。高校要对其进行统筹规划，制定生态文明教育的目标、内容、方法、任务等，以确保生态文明教育的顺利开展。学校还可以加强与社会的联系，争取获得社会各界的配合，实现对大学生的整体的生态文明教育。

第三，强调社会实践的重要作用。任何理论最终都要回到实践中去，在实践中贯彻落实，才能实现目标。生态文明教育如果脱离了实践，其教育成果就不能得到充分发挥。高校必须注重实践的作用，通过室外运动、教学实验等方式，实现大学生与大自然的互动，让大学生在实践中亲自去体验感受，更深刻地认识到保护环境的重要性，培养其良好的生态情感，以达到预期的生态文明教育效果。

二、生态文明教育课程思政的必要性

基于课程思政对大学生进行生态文明教育不是凭空想象的问题，而是有其实施的必要性的依据。近年来，随着经济全球化的发展，环境问题日益加剧，环境保护迫在眉睫，大学生作为未来社会建设的主要力量，价值观正确与否对其未来的发展十分重要。大学生主要是在学校的思政课中接受生态文明教育，其他课程则涉及很少。为了达到良好的教育效果，高校有必要根据课程思政的要求，在其他课程中也开展生态文明教育，实现对大学生全方位的教育，这不仅是课程思政发展的必然要求，是我国生态文明建设的客观要求，也是高校思想政治教育发展与时俱进的时代要求，更是实现大学生全面发展的内在要求。

（一）课程思政发展的必然要求

随着课程思政的提出，其作为一种富有创新性的育人模式，是在革新教育理念和改进教学方法的基础上，为努力实现大学生思想政治教育工作而提出的一项重要变革举措。

如今，随着经济全球化进程的加快，要想单纯依靠过去的思想政治理论课教育，全面实现对大学生的正确生态文明理念的引领，其效果之局限性已经不言而喻。这就迫切要求高校改变传统依靠思想政治理论课对大学生进行生态文明教育的局面，尽快推出课程思政这种思想政治教育教学新模式，发挥多学科优势，进行全员、全过程、全方位的生态育人。相比过去单纯依靠思想政治理论课对大学生进行人文素质教育而言，当前根据新的教育理念发展起来的课程思政，不仅能够有效顺应新环境下大学生思想政治教育所面临的新形势和新挑战，而且能够准确把握和科学判断高等教育在转型发展过程中呈现出的大学生思想政治教育工作的新特点和新表现，进而较好地满足国家对大学生思想政治教育工作提出的新任务和新要求。

高校应顺应时代发展趋势，贯彻落实课程思政的要求，基于课程思政对大学生进行生态文明教育，重新建构高校生态文明教育的课程体系，最大限度地推进全员、全过程、全方位协同共进，开发为课堂教学立德树人的思想政治教育主阵地，开展全员、全过程、全方位的生态文明教育，这也是我国课程思政发展的必然要求。

（二）我国生态文明建设的客观要求

近年来，我国生态文明建设取得重要进展，但环境形势依然严峻，我们在总结成功经验的同时，也必须实事求是地面对当前的生态环境形势。在对当前严峻的环境形势进行反思的基础上，我国明确提出了新的奋斗目标——大力开展生态文明建设。

站在新的历史方位，我们应根据新的发展要求，肩负起生态文明建设的重要使命，树立正确的生态文明理念，形成良好的生态行为，推进实现人与自然的和谐发展的现代化建设新格局。为了实现这一奋斗目标，就必须充分发挥教育的力量，加强对全体公民的生态文明教育，帮助全体公民树立社会主义生态文明观，提升生态文明素养，形成良好的生态行为，从而使其更好地为社会主义现代化服务。国家和社会有关部门也应承担起一定的责任，做好生态文明建设的相关宣传教育工作，把社会教育、学校教育与家庭教育有机结合，通过报纸杂志、网络等途径，大力宣传目前人类所面临的生存环境状况，让人们认识到生态文明建设与我们每一个公民息息相关，增强全体公民的生态责任感，推动我国的生态文明建设工作。

我国进行生态文明社会构建，需要社会全体人员的共同参与，大学生具备一定的理论知识和道德修养，是社会发展的主力军，是生态文明建设的主要力量，大学生这一群体和其他群体相比，有着独特的优势，其所要承担的任务也就非常艰巨，对大学生进行生态文明教育就相当于完成了主流社会生态文明教育最为重要的一部分。高校有着得天独厚的文化氛围和教育资源，是教育培养青年人才的重要园地，可以有效提升学生的整体素质，推动社会的文明进步。高校应贯彻落实我国生态文明建设的要求，主要在课堂上培养大学生的生态文明意识，引导大学生为建设生态文明社会尽一份力量。同时，必须发挥多学科优势，全员、全过程、全方位地对大学生进行生态文明教育，这是课程思政的要求，是生态文明构建政策的重要内容，也是推进生态文明建设的现实要求。

总之，目前我国进行生态文明建设的现实状况要求高校加强对大学生的生态文明教育。有别于以往思想政治教育工作单纯依托思政课的传统课程体系，课程思政是一种整体的以育人为核心目标的课程观，贯通了不同学科和课程的特性，使得各学科和课程都能真正参与到育人工作中去，实现育人价值。当前，对大学生进行生态文明教育也要根据课程思政的要求，实现全员、全过程、全方位育人。基于课程思政对大学生进行生态文明教育是十分必要的，它可以改变传统的单纯依靠思政课程对大学生进行人文素质教育的局面，实现向课程思政的转变，发挥两者的合力，以培养全面发展的人才。

（三）高校思想政治教育发展与时俱进的时代要求

要实现社会的全面协调可持续发展，帮助人们形成一定的处理环境问题的能力，关键还是要靠教育。高校是教育大学生的主要阵地，在高校中进行生态文明教育，是高校与时俱进、承担育人责任的体现，这不仅有利于发挥高校的社会功能，也有利于保障社会的和谐发展。

大学生拥有较高的理论水平，是社会发展的中坚力量，是生态文明建设的重要参与者。如何培养大学生的生态文明意识，自觉内化为生态文明观念并外化为其行为，主动参与到生态文明建设的实践中就显得格外重要。随着社会的不断发展，高校思想政治教育要紧跟时代步伐，对现有的思想政治教育内容与方法进行改善，把生态文明教育放在重要位置。

高校思想政治教育并不是一成不变的，而是一项动态的系统工程，需要不断与时俱进。课程思政理念的提出，一方面深化了思想政治教育的内涵，另一方面也使思想政治教育的外延得到了极大拓展。这就使得高校将高校思想政治教育融入课程教学的各个环节、多个方面，紧密契合高校"知识传授与价值引领相结合"的课程教学方向，实现全员、全过程、全方位育人，构建新的育人格局。以新的时代背景为依据，基于课程思政对大学生进行生态文明教育，充分挖掘专业课和思政课中的生态文明教育资源，将生态文明等相关内容融入高校思想政治理论课程和专业课程之中，重点发挥专业课和思政课的作用，重新拓展传统思想政治教育的内容、方法、原则等，使高校其他各类课程与思想政治理论课协同育人，是实现高校思想政治教育发展与时俱进的时代要求。

（四）实现大学生全面发展的内在要求

人的全面发展包括其智力、体力及道德品质等各方面素质的发展。生态文明教育作为传递生态文明理念的手段，是培养全面发展的人的有效方法。对大学生进行生态文明教育，目的是提高大学生的人文素养，培养大学生各方面的综合素质，这就使过去的育人理念得到转变，注重立德树人，将大学生放置在社会大环境中进行教育，使其得到全面发展。

我国建设生态文明社会需要全面发展的人才做支撑，大学生作为祖国的未来、民族的希望，理应承担起其责任，提升生态文明素养，实现个人的全面发展。而大学生生态文明素养的提升主要是在高校内进行，这就需要高校承担起其职责，在校园内开展对大学生的生态文明教育，引导大学生形成正确的生态文明意识，这也是培养大学生良好的生活习惯、实现个人的全面发展所必需的。大学生生态文明素养的缺失与否，不仅关系到其自身形象的好坏，还会对今后的人生发展产生重要影响，关系到自身价值的实现；大学生作为未来社会发展的中坚力量，具备一定的辐射力，将会影响到整个社会的素质进步。我国要建设生态文明社会，就要求大学生拥有良好的生态观念，起到模范带头作用。

将大学生培养成为全面发展的人才是高校思想政治教育的主要任务，这就需要在高校课堂教学中加入生态文明的内容，丰富传统思想政治教育的内容，将"人与自然"纳入大学生的学习清单。同时，高校还应基于课程思政对大学生进行生态文明教育，充分挖掘专业课中的思想政治教育资源，实现思政课和专业课教育同向同行，使大学生在课堂上掌握政治、经济、文化等方面知识的同时，掌握生态理论知识，了解人类社会与自然界之间的辩证统一关系，以联系的、全面的、发展的观点去看待经济发展与环境保护之间的关系，不断提升其生态文明素养，实现大学生的全面发展。

三、生态文明教育课程思政的实践策略

（一）提高课程思政的重视程度

目前，对大学生进行生态文明教育主要集中在思政课，而要取得良好的教育成效，就需要提高课程思政的重视程度，重视基于课程思政的生态文明教育建设，不仅要在思政课，还要在专业课、通识课中进行生态文明教育。

目前，国家对我国高等教育提出了新的使命和要求，当前，课程思政的开展处于初步探索阶段，在这种情况下，就需要持续深化对课程思政与生态文明教育相融合的认识，整体规划基于课程思政的生态文明教育，加强课程思政建设，推动基于课程思政的生态文明教育建设进程，以此来确保基于课程思政的生态文明教育取得良好的效果。我国高校要推动基于课程思政的生态文明教育建设进程，除加强课程思政建设以外，还需要整体规划基于课程思政的生态文明教育。高校要将课程思政和生态文明教育相融合，实现基于课程思政的生态文明教育，高校就应该贯彻落实课程思政的相关文件精神，结合大学生的发展实际以及各门学科课程的特点等，对基于课程思政的生态文明教育的实施有一个统一的规划与设计，实现有效领导。

第一，高校领导人员在认真学习并严格落实课程思政的相关文件的基础上，结合本校实际和大学生的特点，邀请环境类相关专家编写包含课程思政的内涵、内容以及与思政课程的区别、特征，将课程思政与生态文明教育融合等的相关教材，合理编排有关生态文明的教材内容。

第二，高校充分挖掘各门课程中的生态文明教育资源，尤其要重点借鉴高校环测学院开展课程思政的做法，提出切实可行的生态文明教育建设方案，在发挥思政课对生态文明教育的引领作用的同时，还要带动其他各门专业课程对大学生进行生态文明教育，发挥多方教育合力。

第三，高校可以建立专门的领导机构，实行专人专责，进行明确分工，实施严格的管理，以推动基于课程思政的生态文明教育的顺利实施。此外，还可以建立随堂听课制度，经常进行教学监督，以跟踪了解各门课程中生态文明教育的实施情况，整体把握实施进程，及时发现不足之处并提出改进方案等。

总而言之，通过以上种种措施有利于实现对基于课程思政的生态文明教育的整体规划和领导，以推动基于课程思政的生态文明教育取得良好的效果。

（二）丰富生态文明教育的内容

丰富的教学内容是进行课堂教育的前提，生态文明教育的内容直接关系到基于课程思政的生态文明教育实施的效果。因此，高校要丰富和完善生态文明教育的内容，应从以下方面进行。

1. 生态意识教育

生态意识是反映人与自然和谐发展的一种价值观，生态意识主要包括以下两方面。

（1）生态责任意识。高校大学生在享受祖国发展带来的一系列成果的同时，也要树立责任意识，在当前提倡建设生态文明社会的背景下，大学生要自觉参与到环境保护中，承担起保护环境的责任，为生态文明建设出一份力。弘扬生态文明主流价值观的一个重要任务就是要强化责任担当，高校教师应在课堂上科学合理地进行生态文明教育，帮助大学生产生生态责任感，树立生态责任意识，引导大学生认识到环境保护人人有责，每个人都要承担起相应的责任，以保护我们生存的美好家园。

（2）生态忧患意识。让大学生具备生态忧患意识就是要让大学生保持警惕，形成忧患观念。这样做的好处是可以约束大学生的行为，使大学生意识到人与自然的相互统一性，人类必须顺应自然、尊重自然，如果肆意地破坏生态环境最终只会带来灾难。

2. 生态观念教育

（1）培养大学生树立生态自然观。这就需要帮助大学生认识到人与自然相互依赖，相互影响，是统一的，两者处于平等的地位。人类可以利用自然、改造自然，但同时也要受到自然的制约。

（2）培养大学生树立可持续发展观。可持续发展观包含在科学发展观之中，不仅是科学发展观的重要内容，还是我国生态文明教育不可或缺的内容。可持续发展要求人们要看到长远利益，不局限于眼前利益，要有限度地开发、利用自然资源，不肆意妄为，为自己及子孙后代的发展留后路。

（3）培养大学生树立绿色消费观。绿色消费观是对大学生进行生态文明教育的行为层面的价值引领，人类的生存和发展都离不开消费，但是一些人存在着错误的消费观念，过度浪费物质资源，导致生态失衡。因此，需要高校对大学生进行正确消费观的引领，帮助大学生在日常生活中践行绿色观念，如提倡步行、使用环保产品、减少浪费等，并用生态消费观充实生态文明教育的内容。

我国传统生态文化一直提倡节约、顺时，反对铺张浪费，这是中华传统文化的精髓，应该加以弘扬和发展。在高校开展生态文明消费教育的过程中，教育者应引导大学生学习我国传统生态智慧，树立健康的消费理念，教育大学生懂得爱护自然、尊重自然，勤俭节约，不奢侈浪费，养成绿色的消费习惯，并在日常生活中积极践行绿色生态消费观念，成为具备良好生态观念的青年。

3. 生态道德教育

生态道德教育是大学生德育的重要组成部分，人无德不立，育人的根本在于立德。要进行生态道德教育，就需要教育者首先引导大学生了解生态道德教育的内涵及内容。生态道德教育可以解释为借助道德的力量对大学生进行生态教育，帮助大学生形成良好的生态德行。对大学生进行生态道德教育，有利于其将生态保护意识转化为实际行为，自觉保护生态环境。因此，对大学生进行生态道德教育是十分必要的，这也是帮助大学生树立生态文明意识的关键一步。具体来说，高校生态道德教育主要包括以下方面。

（1）生态善恶。这里的"善"指的就是能够正确认识人与自然的关系，不破坏自然的行为；这里的"恶"指的是肆意破坏自然，企图征服自然的行为。

（2）生态良心。生态良心是一种情感表达，也是一种道德感召，它要求人们保护环境，树立生态责任感。

（3）生态正义。生态正义可以帮助人们在日常生活中主动约束自己的行为，逐渐树立社会主义生态文明观，与破坏环境的不良举动做斗争。

（4）生态义务。这要求在生态文明建设的过程中，人人都要具备责任意识，承担起保护环境的义务，积极投入生态文明实践。

此外，在进行生态道德教育的过程中，教育者还可以结合现实生活中的案例进行教育，以激发大学生保护环境的生态道德情感。

4. 生态法制教育

高校开展对大学生的生态文明教育，除了需要道德约束，还需要对大学生进行生态法制教育，制定严格的环境制度和在全社会树立生态文化价值观的"德法兼备"的社会主义生态治理观。随着时代的发展，我国有关生态方面的法律法规在逐渐完善，对大学生进行生态法制教育，要做到以下方面。

（1）对大学生进行生态法治意识的教育。这就需要在大学生学习的课程中加入与生态相关的法律法规，帮助大学生深刻理解我国生态环境保护法律规范体系、生态环境保护基本制度以及国际生态环境的相关法律知识，让学生明白环境保护是全世界的事情，树立共同保护生态的国际理念，培养大学生的生态法制思维，树立生态法治意识，更好地规范其行为。

(2) 对大学生进行生态维权意识的教育。通过生态维权意识的教育，让大学生了解其在生态方面享有的权利，并自觉承担相关的生态义务，全面保障大学生的合法权益。

(三) 发挥生态文明相关课程的作用

学校是培养人才的重要基地，课堂具有育人功能。课堂就是一个小社会，拥有自己的道德，这种道德与它的规模、各个要素的特征以及功能相应，这既是很自然的，也是必要的。高校对大学生进行教育主要是在课堂中进行，课堂已经成为向大学生传授知识的重要平台，要更好地进行生态文明教育，需要利用课堂，充分发挥课堂的作用，把课堂教学当作对大学生进行生态文明教育的重要平台，并不断优化课堂教学，使课程体系得到完善。

如今，"课程思政"已经成为高等院校的一个热词，关于课程思政的建设也被提上了议事日程。高校思想政治教育承担着培养社会主义合格建设者和接班人的重要职责，在对大学生进行生态文明教育的过程中，充分发挥思政课的主渠道作用，是提高生态文明教育实效性的关键。高校对大学生进行生态文明教育，要树立课程思政理念，将生态文明教育融入高校现有的思政课、专业课、选修课程之中，发挥各类课程在生态文明教育中的作用，提升高校教师的思想政治素质，构筑教师协同育人的机制与平台，健全制度保障和评价体系，把生态文明教育贯穿于高校教育教学全过程。

1. 发挥思政课的主渠道作用

思政课在生态文明教育中居于主导地位，加强和改进高校生态文明教育，必须在高校思政课程中进行教育和引导。因此，要凸显思政课的地位与作用，主要在思政课中对大学生进行生态文明的宣传教育。在思政课进行生态文明课堂教学的过程中，思政课教师应将生态文明理念恰当地融入这些课程之中，在课堂上帮助大学生了解生态文明知识，提高理论水平。

高校要在思政课堂上进行生态文明教育，就需要有相应的教材做指导，在思政课教材中融入生态文明的相关内容，采取跨学科的方法，用生态文明理念指导思政课教材的修订。从原则上来看，要坚持隐性教育和显性教育相结合、理论教育与实践教育相结合、一元主导与多学科渗透相结合的原则；从内容来看，可以涵盖各种有关生态环境保护的法律法规、国内外生态文明教育的经验与教训等，使生态文明教育具有前瞻性、理论性和科学性。高校还可以自行编写专门阐述生态文明教育的教材，还可以结合大学生的身心特点，并与当地环境状况紧密结合，向大学生讲述全国各地所面临的生态难题，以吸引大学生的兴趣，增强真实感。

2. 发挥专业课的渗透作用

目前，我国高校在不断进行改革，专业课程思政建设已逐渐推广至高校，为实现思想政治教育目标与专业课程知识点的精准对接打下了良好的开端。

以中国矿业大学为例，矿大思政课程秉持着"全面思政教育、立体思政教育、创新思政教育"的理念，积极推进课程思政与思政课程同向同行，形成教育合力，努力实现知识传授与价值引领的有机统一，全面推进学校一流人才培养建设工作。紧贴学校能源特色，以"动力中国"为名，以通过创新教育教学方法、丰富专业课程内涵、优化教育教学设计、改进教育教学管理等，培育学生的爱国奋斗精神，提高学生能源强国意识，引导学生为服务国家能源战略而奋发进取、为献身国家能源科技而努力成才为目标。

中国矿业大学采取的做法包括：在原有基于通识课、专业课教学内容的课程教学类项目的基础上，进一步丰富其内容，增设能源开发、资源利用、环境与生态文明等领域，设计以学科科技的发展历史、发展前沿、发展趋势、重大贡献等为主要内容的课程教学类项目，项目内容进一步丰富全员、全过程、全方位育人的内涵。

具体到高校生态文明教育，也要跟上课程思政的建设步伐，将生态文明教育贯穿于教育教学全过程，以思政课为主，其他学科专业课为辅，着力挖掘专业课中蕴含的生态文明教育资源，使学生在接受专业知识技能的同时受到潜移默化的熏陶，帮助大学生成长成才，达到润物无声的良好效果。如英语、艺术、法律学、生物学、经济学等学科都涉及生态问题，各门专业课可以充分挖掘其所蕴含的生态文明教育资源，结合各自的特点，将生态文明渗透到专业课教学中，潜移默化地进行生态文明的理论知识传授。

在进行英语课程的教学时，可选择国内外涉及生态理论知识的文章进行阅读，还可以播放有关生态方面的视频，让学生了解国内外的环境形势，拓展其知识面，提升其学习积极性。

在进行法律课程的教学时，可以引导学生了解国内外环境保护法律法规，让学生明确在环境保护中应该做什么、不应该做什么。

在对艺术类专业的学生进行课堂教学时，可以通过图片等方式让学生感受自然的魅力，教育学生要热爱自然，斥责那些破坏环境的行为。

在对生物学专业的学生进行课堂教学的过程中，可以帮助学生更好地了解水土流失、大气污染、水污染、温室效应、生物多样性减少等生态问题，让大学生了解环境破坏对大自然造成的危害，引导学生关爱生命、关爱自然。

以上种种做法都有利于提高教师和学生的生态文明意识，推动高校的生态文明教育工作。在专业课中进行生态文明教育，教师既需要掌握丰富的专业理论知识，又需要具有一定的生态文明知识储备，这就对专业课教师提出了较高的要求，但这种教育方式十分有效，可以帮助学生在掌握本专业知识的同时了解更多有关生态文明的理论知识，全面提升其素质，实现全员、全过程、全方位育人。

总的来说，高校要学习贯彻课程思政建设工作，紧跟时代步伐，转变观念，让专业课和通识课教师充分挖掘其所教授课程的生态文明教育资源，进行课程思政教学改革，以思政课作为生态文明课堂教育的主渠道，发挥相关专业课教学的渗透作用，把生态文明的相关理论知识融入各学科之中，这既可以增强生态文明教育的实效性，也是高校思想政治教育发展的需要。

（四）拓展生态文明教育的实现途径

1. 营造生态文明教育社会环境

社会是教育大学生的大课堂，对大学生来说，良好的社会环境是非常重要的，它不仅有利于大学生形成良好的思想品德，有利于增长大学生的知识，促进大学生发展兴趣爱好、发挥特长、培养各种才能；还有利于丰富大学生的精神世界等。高校应致力于为大学生营造积极浓厚的生态文明教育氛围，着眼于长远发展，采取多种举措，营造积极的生态文明教育社会环境。

（1）借助传媒手段，在报纸、期刊等大众传媒上报道目前的环境状况，宣传生态文明的相关知识，让社会大众了解目前人类所处的环境现状，明确在环境保护中作为社会的一分子所应承担的责任，建立人人爱护环境的良好社会氛围。大学生在这种氛围的熏陶和感染下，也会逐渐树立起生态文明意识，越来越重视对环境的保护。

（2）随着新媒体的迅速发展，人类已经进入了网络时代，大学生较易接受新鲜事物，因此，高校可以利用网络进行生态文明的宣传教育，借助互联网营造良好的社会环境。在网上曝光那些严重污染环境的不良行为，对良好的生态行为进行奖励，让大学生更加热爱环境，更自觉地保护环境。通过建立这种奖惩机制，让学生向良好的生态行为看齐，与不良的生态行为做斗争，并从中吸取一些经验教训，以指导自己的生态行为。发挥榜样作用，逐渐培养人们保护环境的责任感。此外，还可以通过开展讲座、读书会等社会实践活动，让大学生亲自体验与感悟生态文明的意义，营造良好的社会环境。

（3）政府及各级企事业单位也要积极参与。政府应充分发挥其主导作用，统筹各方面的生态文明教育资源，为生态文明教育的顺利开展提供组织保障。各级企事业单位可以进行投资，建设一些环保教育基地等，并加强政府及各级企事业单位之间的交流与合作，帮助大学生树立生态责任意识，自觉承担起环境保护的责任。

总而言之，通过营造积极向上的社会环境，让大学生受到良好社会环境的感染，可以帮助大学生树立生态文明观，从而提高基于课程思政的生态文明教育的实效性。

2. 开展生态文明教育实践教学

学生对理论的掌握和理解程度如何，最终需要通过实践来检验。实践是高校进行教育教学的必要环节之一，是对课堂教育的补充，实践锻炼是检验课堂教育效果的最佳途径。因此，实现对大学生的生态文明教育，应该延伸课堂教育，不仅仅要注重课堂生态文明知识的讲授，还要充分利用实践这一途径，实现理论讲授和实践教学相结合。实践教学分为两部分，这两部分内容具体如下。

（1）校内生态文明教育实践。高校可以利用环保社团平台，组织生态文明教育的相关实践。学生比较喜欢参加校园社团组织的活动，环保社团在高校生态文明教育中发挥着无可替代的作用，具有很强的辐射力。因此，高校应抓住环保社团的这一特点，将其作为对大学生进行生态文明教育的重要宣传和实践阵地，开展相应的社团活动，让大学生更加热爱社团组织，并在社团活动中培养大学生的生态文明观。

高校还可以依托环保社团举办一些竞赛等，让大学生自主策划、组织和参与，激发学生对生态文明的应用与创新能力，对生态文明有一个客观的认识；在"植树节""世界地球日"等环保节日开展生态文明相关主题活动和宣传教育。通过环保社团征求学生对校园绿化的建议，并对一些合理的建议予以采纳，办学生喜爱的校园。

除了利用社团平台外，还要充分利用班级这一平台，组织班级内的生态文明教育的相关实践。进行校内生态文明教育实践，同班同学了解比较深，而且有着相同的专业背景，交流也比较多，具有学校社团、学生会等所不具有的优势等，所以，高校应多组织一些班级内的生态文明教育相关实践。高校还可以丰富校内生态文明教育的活动形式。

大学生具有一定的理论知识储备，且学习能力较强，接受新鲜事物的速度较快。因此，当前对大学生进行生态文明教育，不应仅局限于一种形式，还要探索出灵活多样的教育方式，如可以利用校报、官微等媒体平台来进行，在校园网站上单独设立生态文明教育板块，定期更新生态方面的相关报道和评论，定时发布相关消息，推送视频，让学生在潜移默化中接受教育；还可定期组织学生观看与环保相关的电影，提升大学生的生态文明素养。此外，举办生态环境保护评比活动，如评比生态道德楷模等，通过采取以上多种多样的学生喜闻乐见的活动形式，吸引更多的大学生参与进来，增强生态文明教育的实效性。

（2）校外生态文明教育实践。在高校的教育教学中，社会实践是一个极其重要的环节，是学生对理论掌握与理解程度的检验，对大学生的成长发展具有深远影响。高校要充分利用校外生态文明教育实践，并结合校内生态文明教育实践，帮助大学生在实践中掌握生态文明理论。校外实践的开展，可通过以下方式进行。

第一，组织大学生参加生态文明科研活动。高校可以建立校企之间的平台，激励大学生积极申请校企合作项目，进行环保相关产品的研发，让大学生在参与过程中提升自身的科研水平和生态素养。

第二，组织大学生到生态文明教育基地进行参观。在生态文明教育基地中，一般都配有完善的硬件设备及专业的讲解，有利于普及生态文明知识，可以让学生亲近自然，拓宽知识面，走出课堂的圈子，与实践相结合，获得很多在课堂上没有涉及的知识。

第三，组织大学生进行生态文明的社会调查。实地调查就是让大学生深入田间等地去收集资料，并结合当地实际，提出具体的解决问题的对策。生态文明问卷调查就是要有目的、有计划地设计一套调查问卷，确定要调查的人群，并针对这部分人群进行问卷的发放和回收，再对问卷进行筛选，剔除无效问卷，得出有效数据，对问卷数据进行分析，找出其存在的问题，通过这种方式加深学生对生态文明的认知，得出有关生态文明的第一手数据。

（3）加强高校生态文明网络社区的建设。如今，随着互联网的迅速普及，在进行实践教育活动过程中，网络成为必不可少的手段，深刻地影响着人们的生活，尤其是对大学生产生了最为深刻的影响。随着智能手机和无线网络的不断普及，大学生几乎每天都在和网络接触，网络改变了当今大学生的思维方式、道德观念以及生活方式。因此，通过网络对大学生进行生态文明教育，符合时代的发展趋势和当代大学生的生理、心理等特点，更容易被大学生所接受。

基于课程思政的生态文明教育要想取得良好的效果，就要创新工作方式，充分发挥网络的作用，尝试运用一些新手段来改变其运转方式，在具体操作中，可以将生态思想元素通过网络化的方式植入大学生这一群体中，对大学生进行生态文明的宣传教育。高校可以创立生态文明教育网站，在网页上放置各种生态活动和项目，通过网络汇聚各种与生态知识、生态活动有关的学习资源，还可以增加与生态文明建设相关的新闻和知识链接，让学生很容易就能找到自己感兴趣的参与项目。

在生态文明教育网站上，通过图片和视频展示，给学生留下更深刻的印象；提出生态保护热点和问题，吸引学生讨论，激励其主动参与。还可以利用QQ、微信、微博及各种社区论坛等，让学生更快捷地获取信息，实现信息传递和感染。通过建立微信、微博公众号，设立弘扬生态文明的栏目，在公众号上及时推送有关生态文明的小论文、思考题等，让学生在线上发表对生态文明的感悟。高校还可以利用先进技术，研发与生态文明相关的学生更乐于接受的手机APP，激发学生学习生态文明的兴趣。

3. 加强校园生态文化载体建设

要有效开展基于课程思政的生态文明教育，除上述提到的开展生态文明教育实践教学外，还要加强校园生态文化建设，并将其作为生态文明教育的重要载体，将有关生态的内容融入校园文化建设中，实现以文化人以文育人。

（1）加强校园生态物质文化建设。大学生的大部分时间都是在校园内度过的，如果校园环境良好，就会让大学生时刻感受到自然之美，激发其热爱自然的情感，实现在环境中对大学生进行教育为目的。高校应努力构建美丽校园，进行校园物质文化建设，通过增加一些绿色景观、扩大绿化面积、设立校园基础设施等方式让学生感受校园的魅力，使学生置身于一个处处充满生态文化元素的校园氛围之中，能够在良好的校园氛围之中更直观地体验到生态文化的魅力，帮助大学生树立保护环境的意识。

（2）加强校园生态精神文化建设。校园精神文化展现着高校的精神面貌，包括校风、教风、学风等。校风是指学校的风气，良好的校风对生态文明教育来说至关重要，进行校风建设可以选择在新生入学之时，向大一新生宣传本校的绿色校风，让大学生从一开始就树立正确的生态观念，并将生态文明思想根植于心。良好的教风也十分重要，加强教风建设，要培养一支高水平的生态文明师资队伍，坚持以学生为中心，以促进学生的全面发展为目的，采取多种多样的教学方式，帮助学生树立正确的生态文明理念。除教风和校风建设外，学风建设也十分重要。如果学风建设良好，形成良好的学习氛围，大学生都能端正学习态度，积极主动地参与学校组织的生态文明实践活动，就会带动身边更多的人参与到生态文明的学习中，树立正确的生态文明理念，从而推动校园生态精神文化的建设。

（3）加强校园制度文化建设。开展大学生的生态文明教育，也需要相应的制度做保障，形成一定的规范和约束。通过加强校园制度文化建设，推动生态文明教育不断向前发展。高校可以宣传先进典型，并将其作为一项制度加以实施，如通过一些先进事迹引导大学生的思想与实践，大力宣传、运用榜样作用教育学生，并将这种宣传手段制度化。

高校还可以建立生态文明教育评比制度，通过设立生态文明先进集体、生态文明先进学院等奖项，对在保护环境中表现突出的同学进行表彰。通过评选生态文明先进集体和生态文明先进学院，鼓励学生和教师向先进集体和学院看齐，并不断努力，学习借鉴生态文明先进集体和学院的做法，改进自身不正确的做法，形成共同建设生态文明先进集体和生态文明先进学院的氛围。

总而言之，通过加强校园制度文化建设，对大学生的生态行为形成约束，可以帮助大学生形成良好的生态行为，推动我国的社会主义生态文明建设。

4. 树立大学生生态文明自我教育观念

自我教育是学校教育中极重要的一个因素，唤醒人实行自我教育，是一种真正的教育。自我教育与家庭、学校、社会教育是密不可分的。基于课程思政的生态文明教育能否取得良好的效果，关键还是要靠学生个人，如果大学生自觉接受生态文明教育，并将其内化为自己的价值观，转化为生态行为实践，那么生态文明教育才算完成。因此，在进行基于课程思政的生态文明教育的过程中，需要引导大学生树立生态文明自我教育的观念，具体来说，应做到以下方面。

（1）教师要充分尊重和肯定大学生的主体地位。高校思政教育工作者是开展高校思想政治教育工作的主要力量，如果缺乏良好的生态素养，就无法帮助大学生掌握生态文明的相关理论知识，无法科学分析当前所面临的生态形势，也无法正确解读国家出台的有关生态政策，就难以达到良好的教育效果。

高校教师要丰富自身的生态理论知识储备，形成科学的生态文明理念，可以采取言传与身教相结合、社会实践活动教育等方法对大学生进行生态文明教育，提高大学生的积极性，为其提供一个展示平台。具体来说，可以建立与生态相关的实验室，如建立空气检测实验等，让学生在实验中亲自感受，加深认识。学校可以建立生态文明实践基地，让学生自己动手实践。教师在课堂上传授生态知识后，带领学生深入工厂、森林等进行实地参观调研，并撰写调查报告。教师通过这些方法调动学生的学习积极性，引导学生积极进行自我教育。

（2）大学生要自觉进行生态文明教育的学习。大学生要学会自我审视，对自身的行为及观念进行反思，衡量自己对生态文明的掌握情况，找出需要改进的地方，改掉错误的生态观点和生态行为习惯，不断加强自我教育，努力学好理论知识，拓宽自己的知识面，提高自身素质。大学生要加强自我管理和自我教育，在日常生活中，要积极主动地参与环保活动，自觉做到节约资源、绿色消费，形成良好的生态行为。

自我教育是大学生进行自主学习并强化自我认同的过程，实现大学生生态文明的自我教育，一方面需要教育者发挥其主导作用，另一方面也需要大学生的个人努力。从教育者的角度来看，要起到良好的引导作用，为大学生创造自我教育的平台，引导大学生进行自我教育。站在大学生的角度，大学生要充分发挥主观能动性，树立生态文明自我教育的观念，使自我教育成为一种习惯，唯有如此，才能培养出具有高素养的"生态人"。

第四节　创新创业教育的课程思政实践

一、课程思政与大学生创新创业教育价值的统一

第一，大学生创新创业教育中的"思想教育"蕴含培养大学生对社会主义的真挚感情与理性认同，在大学生创新创业过程中贯彻社会主义核心价值观。在大学生创新创业教育建设中促使大学生践行社会主义核心价值观，促使大学生构建坚定的爱国主义信仰，增强其自信心和自豪感。在大学生创新创业教育中将课堂理论与大学生思想教育相结合，把课程思政创新性融入大学生创新创业教育，提高大学生思想政治觉悟和道德素养。

第二，科学精神是中国人民在革命、建设和改革不同时期所形成的精神追求、精神品格和精神力量，它是大学生在认识和改造世界过程中所展现的精神方向。大学生创新创业教育中蕴含丰富的精神气质，表现为在创新创业事实中寻求真理、在寻求真理时要务实。在创新创业教育中大学生应坚守辩证历史唯物主义，在个人成长、社会进步、国家发展与人类文明中做出正确抉择。将课程思政融入大学生创新创业教育中，可以提升大学生精神境界，培养大学生科学精神，使其追求真善美，形成优良品质。

第三，实践性是课程思政与大学生创新创业的显著特征。课程思政基于伟大的实践活动，实践活动滋养课程思政，课程思政与创新创业实践发展相辅相成。大学生创新创业作为一项参与行动，实践性是公众参与最显著的特征，它强调公众参与本身的含义以及参与公共关系的主体的行为。公众参与需要增强公众素养文化的实用性，引导大学生积极参与公共关系和公共生活。公众参与核心素养要求大学生以有序的方式参与创新创业，勇于承担社会责任，积极行使人民当家作主的政治权利。通过各种实践活动为大学生提供锻炼和启发，课程思政有效地提高个人公共知识、公共价值观念和公共参与品质。

二、课程思政融入大学生创新创业教育的必要性

第一，课程思政融入创新创业教育有助于实现大学生的核心素养。大学生核心素养是创新创业教育价值的集中表现，课程思政的有机融入有助于大学生抵制不良的社会思潮。大学生处于人生的"拔节孕穗期"，需要足够的精神营养来对学生进行指导和培养。对大学生的精神世界而言，我国的革命历史能提供最优质的养料，中国共产党的革命精神史积累着中国人民最深刻的精神追求，展现中国人民独特的精神旗帜，永远是一部常学常新、

百读不厌的智慧之书，为立德树人提供取之不尽、用之不竭的精神营养。大学生创新创业教育通过课程思政的滋养，可使理想信念明灯永远在学生心中闪亮。

第二，课程思政融入创新创业教育有助于提升大学生文化自信心。课程思政是一座丰富的德育资源库，作为中国文化的重要组成部分。只有不断充实开拓课程思政才能坚定文化自信。课程思政蕴含着充沛的精神价值、坚定的信念、勤奋的精神、高尚的人格，有助于提升大学生对中华文化的认同，为实现中国梦贡献自己的力量。

课程思政汇聚了中华传统5000年的文化，涵盖社会生活中的方方面面，在大学生创新创业教育中讲解课程思政时利用故事的表达方式，大学生更容易接受。课程思政既体现我国特色社会主义先进文化蕴含的精神意志，又充分彰显我国传统优秀文化。课程思政的中国属性是强化文化自信的重要前提，大学生对课程思政活动的参与，能加强对课程思政的认知，形成强烈的文化情感。大学生可以从课程思政中感知中国人民史诗般的奋斗历程，强化自身意志与胆识，进而形成对中国优秀文化的认同。

第三，课程思政融入创新创业教育有利于克服传统教学方法的单一性。在创新创业课程教学中嵌入课程思政，既可以通过图片等引入核心内容，也可以通过由浅入深的逐层深入，运用故事法引起大学生兴趣的同时也能设置思维难度，具有挑战和创新性。而且课程思政在发展演变中衍生出了多种传播方式，如戏剧、歌曲、电影、电视剧、工艺品、饮食、服饰、风俗习惯、历史遗迹、语言艺术等，这些传播方式都可以作为多种教学方式的素材加入创新创业课堂中去，丰富课堂资源，既能够节省教师工作精力，又能很好地调动学生积极性，起到潜移默化的教育影响作用。

第四，课程思政融入创新创业教育有助于为理想信念发展提供价值指向。用课程思政精神营养指导和培育大学生，让他们建立正确的理想信念。课程思政集中表现为中国共产党人追求共产主义的伟大理想，体现了在实现民族独立与人民解放进程中的诸多付出，蕴含着浓厚的爱国主义精神。

课程思政使大学生发自内心地感受到温暖，鼓励他们不断朝着共同的理想前行，课程思政的传承、发展和运用在精神上激发了学生透过真实的历史实践，更为全面地用社会主义信仰启迪思想。课程思政生动反映中国革命实践，为大学生树立坚定的理想信念提供充沛的资源，课程思政形式体现出多样化与感染力，蕴含感染力的课程思政通常引发人们的思想共鸣。课程思政不断挖掘其资源的价值，大学生可以从各个渠道了解到有关课程思政知识，优质的课程思政资源能激发大学生的敬仰之情，帮助学生保持正确的理想信念。课程思政承载着革命先辈对共产主义信仰的追求，有效地激发大学生对社会主义理想信念的情感感知，并将思想内化为社会主义核心价值观，形成坚定的共产主义信念理想。

三、创新创业教育的课程思政实践策略

（一）创新创业教育课程思政的主体维度

将课程思政有机融入创新创业教育体系之中，关键的实施路径在于优化创新创业教育的整体结构，推动各类利益相关者协同参与。前者是以普通教学结构论为基础，从教育目标、教学内容和教学方法三方面进行论述；而关于课程思政嵌入创新创业教育体系的利益相关者，则需借助利益相关者理论，秉持整体性与全员性观念，将传统的"政府—学校"，拓展到"政府—学校—企业—社会"四个多元主体维度上进行论述。

1. 教育目标

从专业角度来讲，创新创业教育的直接目标在于，为适应国家战略需求与社会发展，培养具有创业意识和开拓精神的复合型人才，并针对有意向的准创业者提供实践培训。无论是明理品格，还是经验品格，均应彰显鲜明的道德属性，并将道德作为学生和教育的整个目的，而并非只是一种手段。因此，对于创新创业教育，其本质目的就是在回答如何通过优化创业品格推动学生自由而全面的发展以实现幸福人生这一具有人文关怀的主题。而这也正是开展课程思政的出发点与落脚点，具化到创新创业教育，其教育目标可进一步分解为以下三点。

（1）以协助学生树立"基于创新的创业"意识为基础性目标。依照国内外现实环境、自身能力与兴趣爱好等综合性因素，选择正确的创业观与择业观，并确立适合自身的创新创业目标，踏实勤奋，敢为人先，善于探索，通过持续性地提升专业素养与创业能力，来实现自身的社会价值与市场价值。

（2）将学生创新创业理论知识的丰富作为支撑性目标。高校可以让学生了解创业的重要性，通过将个人理想与社会理想相融合，来组建适合自己企业的创业团队，寻求并评估创业机会，拼凑与整合创业资源，撰写创业计划书，实施精益创业与社会创业等，切实提升学生创新创业所应具备的基本知识。

（3）以培育学生创新创业能力为拓展性目标。坚持以立德树人为导向，利用包括创新创业计划大赛、综合实训模拟、企业家课堂、创业俱乐部等多种渠道在内的开放式实践课程，激发学生的创业热情与社会责任感，提升学生的创业能力，拓宽学生的国际化视野，为投身社会主义现代化建设贡献自身力量。

2. 教育内容

将课程思政有机融入创新创业教育之中，是人文关怀的理性体现，要切实发挥作用还

需挖掘课程中的人文元素，体现人文精神。结合思想政治教育所蕴含的主要内容，下面从世界与政治观念、法制与契约精神、人生与价值观念、道德与责任观念这四方面进行论述。

（1）世界与政治观念。一方面，辩证唯物主义世界观提倡批判性与辩证性思维，鼓励学生能够透过现象看本质，不断解放思想，与时俱进，以实事求是的精神认识世界与改造世界；另一方面，在创业环境与政策分析、识别创业机会的过程中，学生更应以当前国内外形势、国情为基础背景，强化以爱国主义为核心的民族精神，坚持把国家需要、人民利益、行业痛点看作创新创业活动的切入点。提高学生对自主创业担保贷款、场地租金、税收等各类扶持政策的信息敏感度，在强化民族自豪感与归属感的同时，批判性地借鉴国外在创新创业领域中的优秀模式，不断优化其创新创业知识体系。

（2）法治与契约精神。弘扬社会主义法治精神，培育学生法治理念，营造校园法治文化，是现代法治民主社会以及社会主义市场经济赋予高校教育的重要使命。学生在创业过程中虽具备一定专业技能，但由于社会经验与实践水平有限，面对行业与社会复杂环境，容易迷失自我，亟须开展包括公司法、专利、商标、知识产权等法制精神的思政教育。这不仅能够帮助学生在创业过程中守住底线，在遵纪守法的前提下开展创新创业活动，同时以制度为纲，明确利益相关者之间的权责利关系的结构安排，也可以有效降低创业风险，提升创业成功率，推动创业企业健康成长。课程思政在这一方面的嵌入，应重点关注创新创业项目在讲座、孵化、咨询等第二课堂的开展。

（3）人生与价值观念。在创新创业过程中需要平衡社会价值与个人价值之间的关系，应以个体发展为基础，以社会进步为主导，培养大学生爱岗敬业、吃苦耐劳的精神——艰苦奋斗是一名优秀的创业者应具备的基本素质之一。

（4）道德与责任观念。立创业之志需首先立德，特别是在信息化时代的当下，良好且可持续的合作基于重复性博弈，这使得诚信成为创业过程中需要高度重视的要素。特别是由于道德风险和逆向选择的存在，创业融资过程中，风险投资者除关注创业项目本身的潜力外，更为看重的是创业者的道德素质与能力。而将道德外化于创业团队或社会，则成为一种责任意识。在创业团队形成与运作的过程中，创业者不仅应敬业勤业，更需有集体观念和大局意识，消除个人主义、取长补短才能使得创业团队发挥协同性作用；而在创业项目的选择与实施过程中，更应关注企业自身社会责任的实施，包括及时足额缴纳税款。进行力所能及的社会捐赠。开展有效的信息披露。保护中小股东权益。进行绿色生产等。

3. 教育方法

将课程思政有机融入创新创业教学内容之中，还需一定的教育方法作为支撑，并且这一支撑的广度与深度应是全方位的；不仅涵盖于公共必修课、通识课、专业课等显性课程之中，同时在创新创业培训与竞赛、创业项目培育中也应该有所体现，显隐结合才能最大限度地发挥课程思政在立德树人中的作用。

（1）对创新创业教学的第一课堂而言，可综合采用对比分析、启发式教学、案例式教学等方法，挖掘与提炼创新创业课程中思想政治教育的元素，将其有机嵌入专业人才培养方案、讲义之中，在BOPPPS、翻转课堂等教学模式开展的过程中逐步摸索与总结经验，并最终上升到理论化，编写在创新创业课程所使用的专业性教材内。

（2）善于应用网络课堂与社交媒介。根据所面向学生的特征、教学难度，在超星泛雅、MOOC等教学平台上进行课程思政融入创新创业课程的开发与建设。利用学习强国、微信公众号、课程交流群，以短文、动画、视频等形式补充相关学习资源，同学生积极交流与讨论，同时可借助于此发放课程问卷，进一步明确学生对思政要素的实际需求与嵌入效果反馈，以构建特色鲜明的混合式教学方式。对创新创业教学的第二课堂而言，可邀请相关学者或创业家开展主题讲座，带领学生参观具有世界影响力的高新技术企业，实地感受工匠精神等，推动思想政治教育融入创新创业实践课程的形成，实现"覆盖全面、形式多样、开放协同"的创新创业教育方法。

4. 参与主体

课程思政嵌入创新创业教育之中具有鲜明的全员性特征，所秉持的基本原则是在优化原有的"政府—高校"二元模式的基础上，拓展企业、社会等新的治理主体，形成多元共治且开放的参与模式。

对高校而言，需重视创新创业课程教师在课程思政方面的意识与能力培养，以教研室为单位，在校内积极组织课程思政嵌入专业课的研讨会，分享日常教学经验与心得，并与思想政治教育教研组展开定期合作与交流，推动显隐课程融合。依据实际情况，组织创新创业教师开展课程思政改革的教学竞赛，以赛促教。明确校党委的政治导航作用，教务处在课程的结构设置，包括课程体系完整性、对交叉类课程的支持、社会企业等新兴课程的设置方面，提供行政性保障。同时，注重校际合作，取长补短，不断探索适合本校的嵌入模式。防止因多责任主体抽离造成的嵌入水平完全由特定创新创业教师的理解水平，以及对课程思政的认识程度而决定的局面。

企业参与课程思政嵌入创新创业教育体系主要有三个途径。①在科技成果转化或日常生产服务的过程中，重视环境保护、伦理道德的意识，积极履行社会责任，为课程思政嵌入创新创业教育本身提供鲜活的样板。②在赞助"双创"比赛过程中，重视参赛项目的思想政治性。同时，对有条件的企业而言，也可设立课程思政改革的教育基金，在缓解高校教育资源紧张的同时，可宣传企业自身，同高校构建稳定的合作关系，塑造企业文化。③企业家积极参与学校开展的创新创业课程讲座、沙龙等各项活动，讲述自身在创业过程中的艰苦奋斗过程，展现企业家风范。学校还可根据实际情况实施"双导师"制度，聘请创业家担任校外实践指导专家。

社会媒体同样应积极将课程思政嵌入创新创业教育体系之中，对符合主流价值观的创新创业教育进行宣传，综合利用网络、自媒体、电视、广播等渠道对创新创业教育在课程思政改革方面取得突出成效的先进集体或个人进行广泛的展示，以树立典型，形成示范效应，引导大学生形成科学的创业观与发展观，激发自身的创业热情。中国高等教育学会创新创业教育分会、省级创新创业教育协会等社会组织，也应积极举办以创新创业教育为主题的学术研讨会、科学交流周、线上贴吧等各类活动，吸引更多青年学子加入其中，切实参与课程思政嵌入创新创业教育体系的建设之中。对公众营造正确的成才观，开展大学生创新创业教育，以提升创新思维、就业能力为核心，而非创办企业的功利化教育。同时，依据高校自身资源与课程开设体系的实际情况，积极面向更为广泛的公众开设创新创业的素质教育，形成终身学习、终身创业的良好社会风尚。

（二）创新创业教育课程思政的机制建设

路径安排是驱动课程思政有机嵌入创新创业教育体系的发生机制，而维持其可持续运作，形成示范效应，还需一系列的机制作为保障。

1. 评价机制

评价机制是衡量课程思政融入创新创业教育质量的重要方法，更是提高教学效率、强化思政价值引导的有力指挥棒。

从评价主体来看，应呈现出网状结构。对内部而言，既应有高校课程改革领导小组自上而下的评估，也可以有来自授课对象——学生群体的自下而上的评价；同样还可以邀请学工部、辅导员、思政课程专职教师对其教学理念、教学效果等进行交叉打分。

从评价客体来看，则应表现出"全链条"特征，包括实施课程改革的高校、开展创新创业课程的学院、专职教师以及学生。评价过程应秉持差异性原则，依照评价客体特征关注对应的评价重点。

2. 激励机制

激励机制包括教育主管机构、高校等组织，可设立针对课程思政嵌入创新创业教育体系的课题，开展相关教改竞赛与成果交流会，并设置专项奖励基金，激发教师投入更多热情与精力于其中,实现教学与科研在该领域的平衡。在教师关于创新创业教育课改考核、相关职称评定、评奖评优等方面,也应有计划地重视课程思政所起的作用。鼓励教师参与企业创业、企业咨询与管理活动,提升教师在创新创业领域的实践能力,强化教师对该门课程改革与发展方向的理解程度。同时,还可专门成立创新创业教育改革教研室,为教师提供强有力的组织与平台保障。

对学生而言,可尝试引入创新创业教育学分制度,出台具体的创新创业教育学分认定办法,并同思想政治教育进行有机关联,相互促进,设置最低达标标准,并将该学分计入毕业总学分与学生档案之中,以激励学生发挥特长,促使其个性化发展。高校也可为学生分配指定的"双创"导师,与辅导员在思想政治教育、心理健康、创新创业实践等领域形成合力,在创新创业教育的专业学习之中将思想政治教育内化为学生应有的价值追求与自觉的道德约束。

3. 共享机制

从知识管理理论来看,高校作为知识密集型组织,对创新创业知识的管理核心,不仅在于获取知识来增加组织内的知识储备,更应是推动知识共享,实现相关知识在组织间的有效流动,并通过知识互补,提升对相关资源的利用率,实现对创新创业知识的创新利用。

特定高校可借助互联网,在特定区域内共筹构建具有思想政治导向的创新创业教育资源共享平台,将本高校优秀的创新创业教育资源,同所处的高校联盟或兄弟院校等进行分享与交流。在该平台上,高校或兄弟院校联盟的教师与学生可更为便捷地查阅所需的相关知识,了解形式更为丰富的创新创业活动,打破高校间的校际壁垒。依照高校所长,也可积极探索特定创新创业教育课程互选、学分互认、学生联合培养等各类模式,这将有利于课程思政嵌入创新创业教育改革的实施。

此外,将课程思政嵌入创新创业教育的共享机制,并非局限于高校之间,高校与企业、科研院所、地方政府等均应纳入合作共享的范围,从多领域将社会主流价值观嵌入创新创业教育体系之中。将优秀的课程思政嵌入创新创业教育体系的资源进行共享,其本身也可对课程思政嵌入其他专业课形成示范效应,进一步促进课程思政教育改革。

第六章 新文科视域下专业课程与课程思政的融合实践

第一节 新文科视域下汉语言文学专业课程思政体系构建

在进行汉语言文学专业建设时，须做好高校学科的重组，实现文理交叉，将新技术与哲学、汉语言文学等文史类课程相融合，为学生的成长以及综合素养的有效培养提供扎实的平台，以此来满足社会发展的需求，这一内容体现了新文科的基本内涵。在互联网、人工智能时代环境的影响下，社会对于人才的选拔变得更为严格，侧重于高层次具有复合知识结构的人才。汉语言文学必须结合时事发展进行有效的改革，打破传统专业对于学生发展的束缚，以培养拔尖人才为目标，做好学科之间的有效交流，实现学生创新能力、创造能力的有效培养。

一、新文科背景下汉语言文学专业的社会需求

（一）人才需求广

汉语言文学专业是中国大学史上开设最早的专业之一，其培养的人才主要分散在行政机关、文化教育、传媒、对外交流等领域中，从事着教学、科研、宣传、公关、广告文案等工作，在社会的各个领域中都有所需求。

随着社会的不断发展，工作岗位对人才的要求不断变化，除了对从业人员的专业技能有所要求，还关注其语言文学素养。与此同时，在信息时代的影响下，不同类型的媒体融入日常生活与工作当中，成为社会发展中不可分割的重要内容，这也衍生出许多新的行业，语言文字是进行信息传播的基础，要想做好这项工作，必须具备一定的文学素养。大学是进行人才输出的机构，是培养汉语言文学专业人才的摇篮，人才的培养要符合社会及岗位的需求，学生在获得基本知识和职业技能的同时还应个性化发展，整体素质得到全面提升。为了满足社会的选拔，汉语言专业毕业生必须大量摄取知识，发展能力，以此来适

应市场,并展现自身专业的优势与灵活性。

(二) 经济发展需求

教育水平的提升可以为当地的经济建设注入新的活力,促进经济的健康蓬勃发展,当地经济发展状况好,就可以有更多的资金投入教育发展中,推动教育水平的提升,两者相辅相成、共同进步。发展高等教育,培养专业人才,为经济的发展提供了大力支持,繁荣的经济市场也会为人才提供更多的就业机会与可能性。汉语言文学专业结合了中华传统文化以及中国语言文学的大量内容,既展示出了一定的基础性,又有着极强的内涵与表现形式,培养出来的人才更加综合化,更适用于市场的变化环境,可为经济发展做出属于自己的贡献。

二、新文科背景下汉语言文学专业的专业定位

从社会发展以及经济发展的角度进行分析,在大学建设的过程当中,应做好定位,在保证汉语言文学专业自身发展规律得以满足的基础上,培养出具有较高文化基础以及文学素养的人才,使他们通过学校系统性的学习,掌握基本知识、基本理论与基本技能,在未来工作中能顺利地过渡,满足行政机关、文化教育、传媒机构等不同单位的需求,成为社会所需要的复合型应用人才。

随着社会不断发展进步,企业对于人才的选拔也变得更为严格,汉语言文学专业作为企业招聘中的热门专业,必须做出整体性的优化,实现学生人文素养以及个人能力的加强,真正起到传播语言文化的作用。要从根本出发,了解社会需求以及社会发展方向,在国学热、语文热、汉语热的背景下,实现培养模式的优化,完成课程体系的完善工作,建设好师资队伍,加强学生的口头表达能力与书面写作能力,从而更好地满足时代的发展需求,推动汉语言文学专业的整体进步。

三、新文科背景下汉语言文学专业课程思政教学策略

(一) 充分发挥汉语言文学专业课程思政资源优势

汉语言文学专业由于其课程自身的独特性,相较于非思政专业的其他专业具有异常丰富的课程思政资源。语言类课程、文学类课程以及实践类课程构成汉语言文学专业的课程体系,课程思政体系建设主要依据这三类课程。

1. 继续深化理论类专业课程的课程思政

汉语言文学专业理论课学分比例高，因此课程思政高质量发展必须继续深化理论类课程的课程思政。汉语言文学专业的理论类课程主要包括语言学概论、文学概论、古代汉语、现代汉语、中国古代文学、中国现当代文学、外国文学等。必须依据本专业制定的人才培养目标和毕业要求，科学合理制定课程目标。课程目标要体现立德树人的课程思政元素，根据不同课程的属性，把最容易浸润的课程思政内容融合在知识传授中，实现价值观塑造与知识传授融为一体的要求。

例如，古代汉语是理解古代社会的重要工具，除了这样的工具性外，重点应挖掘古代汉语中所蕴含的中国传统文化内涵。古代汉语是世界上流传时间最长的语言，是中华民族几千年文化发展的根脉，是国粹，是精华，我们应引以为傲，这是增强文化自信教育的重要资源。同样，现代汉语也具有重要的课程思政资源，担负着教会不同国家、不同地区、不同民族的学生说好用好国家通用语言文字的重任，对铸牢中华民族共同体意识具有十分重要的意义，对发挥中文在国际舞台的作用具有重要意义。因此，教师在制定理论课程目标时必须明确课程所独具的课程思政价值。

2. 增强专业实践类课程的课程思政

实践类课程主要承担着培养学生实践能力的重任，是理论类课程的延伸和应用，也是对理论课程学习效果的检验。汉语言文学专业实践类课程主要有见习、实习、研习和毕业论文等。在教学中，实践类课程建设一直是弱项，容易被教师和学生忽视。面对这样的问题，在新时代，课程思政高质量发展必须重视实践类课程的立德树人教育，要把价值观塑造融到知识传授和能力培养中。

培养学生能力的实践课必须把立德树人教育贯穿始终，在实践能力锻炼中实现对学生价值观的塑造。汉语言文学师范专业主要以培养优秀的人民教师为主要目标，更应该把价值观教育放在首位，在"三习"中让学生践行师德规范，感悟教育情怀，在实践中树立正确的世界观、价值观、人生观，在与学生交流中体现耐心、细心、爱心，在实践中感受劳动教育，这能为形成正确的职业观打下良好基础。

3. 加强课程考核评价中的思政内容

评价是课程建设中十分重要的一环，是老师教学和学生学习效果的直接反馈。在传统教学中，结果性评价是唯一的评价方式，评价内容主要是对专业知识和能力进行考核，很少涉及课程思政内容，其主要是因为教师缺少这方面的意识，另外课程思政内容考核也存在一定的难度。对此，课程负责人和任课教师就要在课程教学大纲设计中体现课程思政内容，在课堂上加以实施，在考核中融入课程思政要素，只要教师意识到这一点，课程思政在评价中就能实现，这样课程思政实施就有了保障，会引起学生的重视。

在单一的结果性评价中，课程思政的评价确实存在一定难度，但单一的结果性评价已不适应新时代教育改革发展的要求，过程性评价、表现性评价、综合性评价、增值性评价等多种考核评价形式出现，这就要求专业应根据课程特点选择合适的评价方式，也给课程思政评价带来新路径。

在过程性评价中，在作业设置上就可以实现课程思政目标的考核，如在外国文学作业设置中，就可以设计为"请站在中国文化立场来评价某国作家的作品"。这样不仅可以考核专业知识，还可以进行中华优秀传统文化、革命文化、社会主义先进文化与外国文学文化的比较，运用马克思主义基本理论、观点、方法去分析研究外国文学文化，实现课程思政目标。

（二）课堂教学巧妙实施课程思政

课堂教学是高校人才培养目标实现的最主要方式，是实现课程思政目标的主渠道，也是把价值观塑造、知识传授和能力培养三者有机融为一体的主要过程和方式。教师、学生和教学环境构成了课堂教学的三个关键要素。传统的课堂教学是以教师讲授为主要方式，以专业知识为主要教学内容的经验型的教学模式，学生始终处于一种被动接受状态。随着我国经济社会的大发展，党和国家对教育提出新的要求，即以立德树人为根本任务，改变过去的重智的教育现象，实施德智体美劳全面发展的新战略，创新课堂教学模式。"为党育人，为国育才"成为各级各类学校的根本遵循，这就要求专业课的课堂教学一定要重视德育，以德为先。课前做好教学设计、课堂巧妙实施和课后及时反思改进是实现课程思政目标的关键步骤。

1. 课前做好教学设计

高校课程思政高质量发展就必须做好专业课课程思政的教学设计。专业课教师除本身应具备过硬的思想政治素养外，还应在课堂教学前充分挖掘专业知识本身所具有的课程思政资源，精心设计每节课的课程思政目标、内容和方法。课程思政是课程学习目标之一，为了达成这一学习目标，就必须选择合适的教学设计模式。目前较典型的教学设计模式有系统分析模式、目标模式和过程模式三种。

汉语言文学专业课程建设中设计教学大纲较适用系统分析模式，即将本课程的课程思政资源做系统分析研究，在课程学习目标中加入课程思政总目标，然后将这个总目标在各章节中细化为分目标，再将分目标细化为每一节课的具体目标。每节课的课堂教学设计较适用目标模式和过程模式，前者以课程思政具体目标为中心，在课堂的知识传授和能力培养中有计划地融入思政教育，达到本节课的课程思政目标，要充分体现以德为先的教育理念；后者要紧扣本节课的课程思政目标，在课堂学习中根据学习环境和现场教学情况随时进行思政教育，体现时时思政的理念。

汉语言文学专业的中国古代文学包含有丰富的中华优秀传统文化资源，古代文学教学团队应对该课程中的课程思政资源充分挖掘，并将之纳入教学大纲，每个不同章节都要有课程思政内容。如要讲屈原和《楚辞》，就应把屈原的爱国精神作为思政资源，以此让学生了解中华优秀传统文化内容，带领学生在屈原的精神世界中遨游，激发学生的爱国情感，实现塑造学生的世界观、人生观和价值观的目标。

2. 课堂巧妙实施

课程思政不同于思政课程，是一种隐性教育，要注意实施的方式方法，不能将专业课上成思政课程，更不能成为学生反感的说教课，但要与思政课同向同行，发挥协同效应，达到"润物细无声"的效果。这需要教师把价值观塑造、专业知识传授和能力培养三者关系处理好，把握课程思政进入课堂的适恰时机，注重课程思政的效果。要从思想意识上把专业目标与思政目标看成立德树人教育这一根本问题的两方面，它们是相辅相成的关系。

汉语言文学专业的外国文学课程是汉语言文学专业的专业必修课程，课程内容主要是让学生了解外国文学发展的历史脉络，掌握从古代至 20 世纪外国文学史知识；通过对不同时期重要外国文学作品进行深入学习，培养学生感悟理解能力、文学评鉴能力。选入该课程的外国作家都是世界文学大师，外国作品都是世界名著，那么该课程的课程思政就不好把握。

因此，课程思政要巧妙实施，既要达到取其精华、洋为中用的目标，又要避免盲目崇拜的现象。因此，汉语言文学专业以马克思主义为指导，站在中国文化立场去看待外国文学作家作品。如讲到《荷马史诗》、印度史诗这些篇章，就要站在中国文化立场，运用比较的方法和批判的思维进行教学。

3. 课后及时反思改进

根据"持续改进"要求，课后教师要及时反思改进，这是教学质量持续发展的根本保障。课程思政现已成为课堂教学重要组成部分，教师在课后务必针对本节课程思政内容、方式方法进行反思，积累收到良好效果的课程思政，特别要重视记录课堂现场瞬间产生的思政灵感，分析专业知识传授和专业能力培养如何与课程思政相融在一起，形成经典教学案例。

教师将本门课程的每节课的课程思政进行反思总结，那么本门课程的课程思政建设就会系统化，在此基础上就可以凝练出本门课程在课程思政方面的特色。因此，课后及时反思改进是课程思政高质量发展的重要保障。汉语言文学专业的中国现代文学课包含着丰富的革命文化和社会主义先进文化内涵，任课教师需要在课堂上完成课前预设的课程思政目标。课堂上课程思政目标是否完成、效果如何，教师课后应该进行反思总结，把效果好的内容、方法及时整理出来，对效果不佳或方式方法不当的地方进行梳理，下一次课引以为鉴。

在新文科背景的影响下，汉语言文学专业赢来了新的机遇和挑战。经济的不断发展对汉语言文学专业人才培养模式提出了更高的要求，为了应对多样化的岗位需求，培养出优秀的应用型的本科人才，需要不断地探索，做好教学模式的优化和改革，这也是高等教育的战略要求之一。

在新时代，落实立德树人教育根本任务，必须抓好高校的课程思政，高校课程思政高质量发展必须紧紧把握教师、课程和课堂这三个核心要素，其中教师是最核心的要素，要正确理解和把握三者之间的关系。汉语言文学专业应充分发挥专业在课程思政方面独特资源优势，打造思想素质过硬的教师队伍，建设好每一门课程的思政总目标和每节课的具体目标，使之成为专业自身建设和发展的重要内驱力。

第二节　新文科视域下新闻专业课程思政教学设计

教育是国之大计、党之大计，教育兴则国家兴、教育强则国家强。课程思政作为我国新时代背景下的一种综合教育教学育人理念，其主张充分发挥高校所有课程的思想政治教育功能，推动专业教育和思政教育的同向同行，构建起全员、全过程、全方位的育人大格局。新闻传播专业是宣传思想战线的核心领域，承担着培养一大批具有家国情怀、国际视野的高素质全媒体化复合型专家型新闻传播后备人才的重大职责。"随着我国'新文科'的提出及现代传播媒介的迅速发展，高校所有文科专业包括新闻学专业正面临着前所未有的挑战，同时也带来无限机遇。"[①]

课程思政的提出，正是为提高新闻传播人才培养质量和促进新闻传播事业正向发展提供了有力支撑。因此，积极探索新闻传播专业推进课程思政建设的价值意蕴与实践路径，

---

① 赵伟东，佟彤. 论新文科视域下新闻学专业教学中的美学实践[J]. 理论观察，2023（02）：157.

已然成为我国高等教育教学事业创新发展不可或缺的重要课题和关键环节。

在新文科视域下，新闻专业的课程思政教学设计应该注重培养学生的思想道德素养、社会责任感和创新精神，使他们能够全面发展并适应社会发展的需要。

一、新文科视域下新闻专业课程思政课程目标设定

在课程目标设定方面，应该关注以下内容。

第一，培养学生正确的世界观、人生观和价值观，强调崇高的理想追求和社会责任感。通过教学内容和案例分析，引导学生思考新闻报道对社会的影响以及自身作为新闻从业者的责任。

第二，培养学生辩证思维、创新思维和批判性思维能力，使其能够客观、准确地分析和评价新闻事件。通过讨论和实践活动，培养学生对多元观点的理解和辨别能力，以及对新闻报道的批判性思考能力。

第三，培养学生道德情操，强调新闻从业者的职业操守和伦理标准。通过引导学生进行案例分析和讨论，让他们认识到新闻报道中可能存在的伦理和道德困境，并提出解决方案。

二、新文科视域下新闻专业课程思政教学内容设计

在教学内容设计方面，可以包括以下内容。

第一，引导学生了解新闻行业的基本概念、原则和职业道德规范。解析新闻行业的核心价值观和基本原则，让学生了解新闻从业者应该具备的基本素质和职业道德要求。

第二，分析新闻报道中的价值观、立场和倾向，并引导学生进行批判性思考。通过分析不同类型的新闻报道，引导学生识别新闻报道中的价值观和立场，并进行批判性思考，探究新闻报道与现实情况的关系。

第三，探讨新闻伦理和道德困境，引导学生思考并解决伦理问题。通过案例分析和讨论，引导学生认识到新闻报道中可能出现的伦理和道德困境，并激发学生思考如何解决这些问题。

第四，引导学生关注社会热点问题，培养对社会问题的关注和批判性思维。引导学生关注当前社会热点问题，并通过讨论和实践活动，培养学生对社会问题的关注和批判性思维能力。

三、新文科视域下新闻专业课程思政教学方法设计

在教学方法设计方面，可以采用以下方法。

第一，组织学生进行小组讨论，促进学生之间的交流和合作。通过小组讨论，可以让学生在分享和交流中相互启发，培养他们的合作能力和团队精神。

第二，鼓励学生开展实地调研和采访，提高实践能力和新闻素养。通过实地调研和采访活动，让学生亲身体验新闻报道的过程，提高他们的实践能力和对新闻行业的理解。

第三，引导学生进行案例分析，讨论新闻报道中的伦理和道德问题，并提出解决方案。通过案例分析，让学生深入了解新闻报道中的伦理和道德问题，并通过讨论和思考，培养他们解决问题的能力。

第四，鼓励学生参与辩论、写作和演讲等活动，培养批判性思维和表达能力。通过参与辩论、写作和演讲等活动，让学生锻炼批判性思维和表达能力，培养他们对新闻问题的深入思考和清晰表达能力。

四、新文科视域下新闻专业课程思政评价方法设计

在评价方法设计方面，可以考虑以下内容。

第一，结合学生的课堂表现、小组讨论和个人报告等进行综合评价。通过综合评价学生的课堂表现、小组讨论的参与度和个人报告的质量等方面，全面了解学生的学习情况和能力发展。

第二，通过学生的论文和写作作业来评估他们的批判性思维和表达能力。这种评估方法能够考查学生对新闻问题的深入思考和理论运用能力，从而更好地了解他们的学术能力。

第三，鼓励学生参与实践项目，并根据实践表现进行评价。通过参与实践项目，让学生将所学知识应用于实际情境，通过实践表现评价他们的能力发展和综合素质。

五、新文科视域下新闻专业课程思政教学资源建设

在教学资源建设方面，可以考虑以下内容。

第一，提供相关的教材和参考书籍，包括新闻伦理、媒体法律等方面的内容。提供适合新闻专业的教材和参考书籍，帮助学生深入了解新闻伦理和职业道德等方面的知识。

第二，鼓励学生关注和参与相关的社会实践和志愿者活动。引导学生参与社会实践和志愿者活动，让他们亲身体验社会问题，培养他们的社会责任感和实践能力。

第三，利用互联网资源，引导学生获取和分析多样化的新闻报道。利用互联网资源，让学生获取和分析来自不同媒体的新闻报道，拓宽他们的视野，并培养他们对多样化观点的理解能力。

第三节　新文科视域下法学课程思政教学的实现路径

新文科建设旨在打破学科壁垒，培养复合型人才，全面提高文科教育质量。新文科理念对传统法学教学提出了新要求："法学课程思政建设在新文科的要求下不能只靠单一的思政课程来实现，现阶段法学教学培养需要新文科理念的指引，需要思想政治理论的加持。"① 新文科理念下高等院校法学专业课程建设呈现出交叉融合趋势，但这一交叉融合并不是任意的，在课程思政要求的宏观指引下，新文科背景下法学教学并没有偏离轨道，并且在某些方面与新文科理念下的法学课程思政是契合的，这种契合更利于新文科理念与课程思政在法学教学中的融合。

一、新文科对传统法学教学的价值形塑

传统法学教学模式已经不能满足培养卓越法治人才的目标，新文科是针对整个文科教育提出的一种新的高等教育理念，它对传统法学教学提出的革新方向主要体现在培养学生高尚的思想道德品质、加强法学师资队伍建设、不同学科的融合发展、推进法学课堂教学改革、深化协同育人培养模式等方面。

高校法学教学模式必须打破传统的法学教学培养模式，建立既有过硬的法学专业素质，又有高尚的法律职业操守和人文情怀的优秀法学人才培养模式。新文科理念的提出为传统法学教学模式注入了新活力，并对法学教学的改革提出了新的要求。

（一）有助于培养学生高尚的思想道德品质

新文科强调开展理想信念教育、社会公益教育、中华优秀传统法律文化教育等，并把这些元素贯穿于法律人才培养的全过程，使学生坚定法治进步的理想信念；加强学生法律职业道德的培养，开设法律专业学生的必修课"法律职业道德"；坚持各门课程既要传授专业知识，又要注重价值引领，传递向上向善的正能量，将法律职业道德教育贯穿于法治人才培养的全过程。

---

① 张福刚，袁晓然玉. 新文科背景下高校法学课程思政教学的实现路径 [J]. 晋中学院学报，2023，40 (01)：89.

（二）有助于加强法学师资队伍建设

交叉融合型法学课程的建立离不开教师的支持与投入，教师在这一过程中居于主导地位，起着决定性的作用，这对教师的教学水平和专业能力提出了更高要求。新文科要求开展跨学科专业人才培养，培养人才的教师自身不仅要有扎实而全面的法学学科知识，还要掌握法学学科以外的其他学科知识，了解最新的学术前沿、科学技术动态，善于将现代科学技术运用到教师的教学与学生的学习之中。在新文科理念的实践运用中，应用型法学专业以培养不仅具有牢固的法学专业知识，还具有吸收跨学科领域知识的学习能力的人才为目标，高校法学教师承担着培养复合型、综合型人才的重要任务，必须深化科学精神，增强科学素质。这对法学师资队伍的建设提出了新的要求，提供了新的发展契机。

（三）有助于不同学科的融合发展

法学人才培养不仅依赖法学教学，还体现在法学的学术研究上。在新文科的视野下，两方面都需要实现不同学科的融合。

首先，法学学科内部的融合。例如，宪法、刑法、行政法、经济法等，可以用公法思维进行统合，在"公法私法化"和"私法公法化"的发展趋势下，实现公法与私法的对话、交流和融合，经济行政法、财政宪法学、环境刑法等就是很好的说明。

其次，法学与其他学科之间的融合。从政治学、经济学、社会学等学科的角度研究法律现象，发展法律政治学、法律经济学、法律社会学等学科。此外还应将理工科的研究方法和新技术成果融入法学学科，运用互联网、大数据、人工智能等手段学习法学。

（四）有助于推进法学课堂教学改革

建设新文科理念必须推进课堂教学改革，不能再将翻转课堂、法律诊所、课堂讨论等教学方法流于形式或固守教师课堂讲授的形式。推进课堂教学改革，应向师生宣传新文科建设理念和教学改革的精神和要求，并通过制度化的方式定期进行认证、评估，收到以评促建的良好效果。着力改进教学方法与教学形式，可以通过小组讨论、小组展示的方式在小组范围内加强学生的团队合作意识，通过建立模拟法庭让所有学生参与其中，一来加强学生在整体团队合作方面的意识与能力；二来锻炼学生的自主学习能力，让学生成为课堂的主角。

（五）有助于深化协同育人培养模式

新文科理念要求人才培养模式创新，构建跨学院、跨学科、跨行业、跨国界的协同教育模式，促进文科教育与社会实践的紧密融合，推动教学内容和教学方法的改革与创新，实现学术界与业界的交流与融合。法学学科在合作办学中有很多途径，高校可采用双学位、专业辅修等方式，培养适应新时代要求的应用型、复合型人才。在外部，高校可与当地公检法司等国家机关、律师事务所、企业法务部门积极合作，建立实践教学基地，通过组织学生参加法律援助、自主创业等方式，在实践中锻炼学生的实际工作能力。

二、新文科理念下法学与课程思政的价值契合

新文科融合与创新的理念为法学教育教学注入了新活力，在新文科教学理念的引导下，法学教学越来越注重对复合型卓越法治人才的培养。课程思政要求将思想政治工作贯穿于学科教学的全过程，法学教学也不例外。为了实现卓越法治人才的培养目标，法学教学需要新文科理念的指引，需要思想政治理论的加持，而仅靠单一的法学教学很难实现这一目标，必须本着培养复合型、创新型人才的目标，在教学中实现思政教育与法学教育的有力融合，才能真正体现课程思政的内涵。新文科理念下的法学与课程思政具有一定的价值契合性，这种契合性主要表现在目标的统一性、理念的共通性、创新思维的一致性，必须将思想政治工作贯穿于新文科理念下的法学教学全过程之中。

（一）目标的统一性

在中国特色社会主义道路的指引下，我们的教育是社会主义教育，我们的教育目标是为社会主义建设培养合格的建设者和接班人。大学生是党和国家的力量源泉，是祖国的栋梁和民族的希望。无论是思政课程还是新文科理念，都将培养社会主义合格建设者和可靠接班人作为自身的根本目标，在这一点上，思想政治理论课程和新文科要求是契合的，目标都是将大学生塑造成为中国特色社会主义现代化建设所需要的人才。高校要通过营造浓厚的校园政治文化氛围和积极健康的校园人文环境，真正成为以科学理论武装学生、正确舆论引导学生、高尚精神塑造学生、优秀作品激励学生的重要场所。

（二）理念的共通性

新文科理念要求法学教育要进一步打破学科、专业壁垒，推动其他专业深度融入法学，赋能文科教育，实现文科教育的自我革新。它要求教师要不断更新教育教学内容，培养学生跨领域知识融通和实践能力，要求学生秉持文史哲促人修身铸魂、经管法助力治国理政、教育学培元育才、艺术学美人化人的学习理念，打破局限的学科认知和专业限制，提升自身综合素养。

课程思政以课程为载体,以其他学科所包含的思政元素为切入点,以课程教育为主要形式,潜移默化地将价值观引导融入知识教学和能力培养中,旨在实现立德树人根本任务的教育理念。课程思政建设是一项系统工程,关键在于"融入",并潜移默化地将价值观引导寓于知识传授与能力培养之中。因此,"融入"是新文科理念下法学教育与课程思政的共享理念。

(三) 创新思维的一致性

新文科理念下的法学所展现的创新思维主要表现在以继承与创新为途径,促进多学科交叉与深度融合,从不同学科角度解决新的问题,并促成新的学术成果,推动法学学科发展。学科的交叉与深度融合是传统法学教学所没有重视的。将新文科理念与课程思政融入法学本身也是一种创新,以往的法学教学的内容和模式均较为单一,但这两种要素的创新为法学的发展注入了活力。

课程思政所表现出的创新思维,主要体现在重视将思想政治教育融入传统的专门为了进行思想政治教育开设的政治理论课之外的课程,这种融入也是以前的思想政治教育未曾关注的,况且,课程思想政治建设的具体过程更需要创新思维,以新思维激发新思想,以新思想寻求新发展,以新发展推动新方法,以新方法解决新问题,以此推进课程思想政治的创新发展。因此,"创新"是新文科背景下的法学教育与课程思政的共同理念。

三、新文科背景下法学课程思政的实现路径

(一) 人才培养目标的具体化

人才培养规格是人才培养目标的具体化。现阶段,复合型卓越法治人才的培养目标是建成一批一流法学专业点,教材课程、师资队伍、教学方法、实践教学等关键环节改革取得显著成效;协同育人机制更加完善,中国特色法治人才培养共同体基本形成;高等法学教育教学质量显著提升,培养造就一大批宪法法律的信仰者、公平正义的捍卫者、法治建设的实践者、法治进程的推动者、法治文明的传承者,为全面依法治国奠定坚实基础。在这种背景下,法学人才培养规格的要求也应有新标准。

第一,品德修养要求。新文科要求卓越法治人才的品德修养不能局限于开设单一的思想政治理论课程,而应同时挖掘法学课程本身的思政因素,从而将思政教育贯穿于法学教学全过程,所要达到的对大学生的实际教育效果是:具备科学精神、人文修养、文化品位、职业素养和进取精神;关心社会问题和国家发展,具有社会责任感,主动参与社会实

践；积极传播中华优秀文化；了解国情民情社情，践行社会主义核心价值观；信仰宪法法律，崇尚公平正义，积极传承法治文明、推进法治进程。

第二，学科知识要求。现代社会分工越来越细，也越来越走向整合，因此形成广博专精的知识结构尤其重要。在此形势下，法学人才不仅要掌握牢固的专业课知识，还要将跨学科、跨领域的学科知识体系作为法学的一部分进行融合，但是不能主次不分，始终都要坚持法学学科的主角地位。

第三，信息能力和应用能力要求。在信息爆炸和急需应用型人才的社会，法学人才的信息面不能局限于法学领域，应具备从多角度分析、获取信息的能力并具备进行整合、运用各种技术分析的能力。

第四，创新能力要求。在创新三要素——知识、思考和实践中，知识是基础，思考是关键，实践是根本。法学学科的创新越来越体现在学科交叉上，如法政治学、法社会学、法哲学等。因此，这种背景下法学人才不仅要具备学科内的创新能力，还要具备从不同视角发现问题的能力。

（二）课程设置需要多样化

传统的法学课程设置一般只限于法学专业学生必须完成的专业必修课，并不包含党内法规课程、将学校特色优势与法学专业知识融合的课程等。根据最新的法学类教学标准，法学课程的理论课程必须包括思政课、通识课，法学课程建立多样性、可行性强的课程设置至关重要。比如，通过通识课的开设，使学生具备新技术领域的基础知识；通过开设各类公共选修课程，使学生掌握自然科学、经济管理、创新创业和人文社科领域的基础知识，从而具备学科交叉融合与协同发展的能力；通过案例研讨、模拟法庭、模拟仲裁以及实践环节等课程的安排，培养学生具备运用专业理论和方法解决法律问题的能力，通过系统的训练，使学生能够准确地发现和正确地分析解决现实生活中的法律问题。

（三）创新并优化教学方法

不同的教学方法所实现的教学效果都不相同，案例教学法有助于学生独立思考、变注重知识为注重能力，比较重视教师和学生的双向交流。辩论教学法尤其适合学生不易理解的学习重点和学习难点，通过组织学生对抗式论证，既有助于加深学生对知识点的理解，还有助于引导学生树立正确的观念取向。情景模拟法让学生处于不同的角色之中（如法官、执法人员、检察官、律师、法警等），设身处地地思考问题，有助于培养学生积极、独立地思考和解决问题的能力，掌握处理法律事务的常规方法，准确、清晰地认识法律专业的理论问题。讲授启发法不同于传统的以教师的语言讲述为主的讲授法，这种方法同时给学生和教师分配任务，使课堂节奏呈现师生问答的双向互动。但这些方法并不是只实现在法学方面的效果，无论是哪种方法都不能脱离培养专业人才的轨道。

综上来看，通过运用不同的教学方法有助于在教学过程中实现学科知识交叉融合的目的，最重要的是教学方式的选择由"教师"单中心转向"师生"双中心，但在这种选择转向上，仍然需要教师进行合理的课程设计，发挥重要的引导作用。

第四节　新文科视域下广告专业课程思政教学探索与实践

随着社会的发展和进步，广告行业在经济和文化领域扮演着越来越重要的角色。广告不仅仅是商品宣传的手段，也是社会传播的重要媒介之一。在这个信息爆炸的时代，广告对于塑造社会价值观、推动社会发展起到了不可忽视的作用。"在新文科背景下，构建高校广告学专业创新创业教育体系，对于广告学专业的未来发展具有重要的意义。"[①]

一、新文科视域下广告专业融入课程思政的必要性

（一）纠正行业的不良现象

广告学专业是适应我国市场经济发展的需要而在国内大学中开办的专业，人才培养也主要服务于广告行业的用人需求。对市场来说，广告最主要的功能就是帮助企业实现更好的销售，获取更多的营业额，能够为企业带来经济效益是广告的价值所在。因此，无论是企业、广告代理商还是高校，对于广告活动的关注焦点都主要集中在其传播的商业效果上面，关注广告为了实现商业效果而使用的各类传播技巧。

新文科视域下，广告学的专业教育中融入思政教育，能够促进高校师生反思行业的不良风气和现象，从自身做起，抵制一些错误的广告运作理念。比如，在教学中使用到一些房地产广告的案例，可以将鼓吹消费主义的广告与传播社会正能量的广告放在一起进行对比，启发学生思考不同广告文案的价值导向差异，引导学生进行判断和思考，树立自己对于房地产市场和房地产广告的认识，贯彻"房住不炒"的价值理念，抵制过度消费和炫耀性消费理念。

[①] 白琼. 新文科背景下高校广告学专业创新创业教育体系构建[J]. 美术教育研究, 2023（06）: 80.

（二）提高广告专业人才的质量

高等教育的人才培养目标并不是要培养行业流水线上的熟练工，而是要培养出具有比较扎实的基础知识和基础理论的、具有创造性和探索能力的高级人才。这样的人才具有必要的专业知识和技能，同时更重要的是具有较高的文化素质，有良好的职业道德、有良好的社会适应能力、有良好的学习能力。思政教育从理想信念角度入手，强化有关世界观、人生观、价值观的内容教育，以健全人格的培养为目标，能够从根本上帮助学生树立正确的人生目标和职业追求，培养学生高尚的道德情操，帮助学生成为一个具有持久发展潜力的、健康的行业从业者。因此，融入思政教育的专业教学，能够有效提高人才培养的质量。

广告教学中使用到大量的广告案例，其中有很多涉及世界观、人生观、价值观的内容，特别是那些使用情感诉求的广告作品，比如，平安保险公司的形象广告（地名篇）中，使用了中国各地的地名中带有"平安"字眼的名称，还有不同地区象征"平安"的人物、符号，广告整体上突出了中国文化对和谐、安宁、友善、互助的推崇。教学中引导学生对作品内容进行分析，特别是引导学生对作品透露出的中国文化价值观进行探讨，让学生关注到作品本身以外的社会文化，能够丰富学生对中国文化的认识和理解，提高学生的文化敏感度。

二、新文科视域下广告专业融入课程思政的可行性

考虑到教学活动的规范性，课程思政的具体融入可以与现行培养方案结合，也可以考虑新的途径。广告学现有的人才培养方案已经有了一定的课程思政融入条件。现有的人才培养目标强调广告学专业培养的人才是复合型的人才，除了具备专业知识和技能，也要具有较好的人文社会科学素养、社会责任感和良好的职业道德；掌握基本的创新方法，具有一定的创新意识和创业思维，在解决实际问题时能够综合考虑社会、健康、安全、法律、文化以及环境等因素；具有一定的组织管理能力、较强的表达能力和人际交往能力以及在团队中发挥作用的能力；具有适应发展的能力以及终身学习能力；具有一定的国际视野和跨文化交流及合作能力。

这一系列比较细化的人才培养目标体现了广告学专业教育一直以来对学生健全人格培养的重视，并且已经设计了相应的课程体系和教学环节，教师们只是还没有将这些内容和环节上升到课程思政的高度来设计教学。将这些内容和环节与马克思主义的立场、观点和方法相结合，在筛选案例和课堂讲解的过程中使用马克思主义的立场和观点，就能够实现

课程思政的融入。

另外，在现有的人才培养方案中虽然有关于学生综合素质的培养要求，但是从培养目标的角度来说，这些要求是偏低的，属于基本的职业道德的要求，并且针对性也不强，没有考虑行业、专业自身的特殊性和特殊的要求。而当前课程思政的教育理念很明显是一种具有战略高度的思想体系，强调了要为学生提供理想信念方面的指引，这实际上是对人才培养提出的更高的要求，我们培养的不仅是具有基本职业道德的人才，同时还是具有正确的理想信念的从业者，这就要求教学人员研究广告学专业的理想信念究竟是一种什么样的理想信念，我国的广告学教育与西方资本主义制度下的广告学教育有什么不同，从而有意识地开发新的课程、新的教学方法、新的人才培养方案，考虑更多的课程思政的融入途径。

三、新文科视域下广告专业课程思政的教学方法

（一）广告案例教学

广告学是一门应用性学科，因此在广告学专业课程的教学活动中会用到大量的广告案例。广告专业的课程思政教育的第一个着眼点就是将课程思政与案例教学相结合，这主要分为以下两方面。

第一，在案例的选择过程中，着重选取能弘扬社会主义核心价值观的优秀广告案例。通过这些案例来激发学生的学习热情，在利用案例进行广告学理论知识的教学活动的同时，普及马克思主义思想观念和社会主义核心观念。广告专业课程思政中案例教学的问题在于，广告学专业课程的核心内容是经济广告，但是在我国的广告实践活动中，除了公益广告之外，能反映社会主义价值观的经济广告案例非常有限。这就要求广告学专业的教师必须在生活中注意观察经济广告的内容，着力收集具有思政意义的广告案例，这是一项长期的、不间断的工作，需要很长时间的积累才能完成。

第二，在进行广告案例教学活动时，注意对负面案例进行分析。随着我国广告业的发展，受众对广告的注意力越来越稀缺。很多广告为了满足经济利益，吸引受众注意，经常采用违背社会规范和道德法律的手段来进行宣传。这些广告不仅不能有效地促进社会发展，还会引起不良的社会反应。因此，在进行广告案例教学活动时，广告学专业教师应注意对这些负面案例进行分析，使学生能站在批判的角度看待这些负面的广告案例，吸取经验教训，避免在以后的广告实践活动中出现相似的错误。

（二）实践活动教学

广告学是一门实践性很强的学科，在广告学专业课程体系中，实践教学活动是开展课程思政的又一个重点环节，主要分为课内实践和课外实践两方面。

课内实践是广告学教育中最多的实践内容，广告学专业教师要在自己的课堂教学中根据不同知识点的特点，安排能够与课程思政相结合的实践内容。如在广告概论课程中，在"广告的功能与作用"这一章节，让学生讨论广告的正面作用与负面作用。在广告史的课程中，让学生对我国抗战时期的广告进行收集，并分析当时经济广告中抗战精神的表现。在广告文案课程中，让学生进行含有爱国精神的广告文案创作等。这样使得学生在进行课内实践的同时接受课程思政的教育，并能将课程思政的内容用于专业的实际操作之中，收到一举两得的效果。

课外实践是广告学专业教学体系的重要补充。广告学专业的教师应该时刻关心社会上的各类相关活动，如果发现有能与广告学专业课程思政相结合的项目，就应当通过讲解、推介、作业等形式向学生进行发布，使学生能够积极参加这些课外实践活动。同时，教师应该对学生进行课外辅导，让学生能够有意识、有目的地将社会主义思想融入这些课外实践活动之中。现在比较典型的能进行课程思政的广告学专业课外实践有"全国学生广告艺术大赛""中国学生广告艺术节学院奖""'我是创益人'公益广告大赛"等。这些课外实践活动，既能检验学生所学专业知识的程度，也是对学生进行课程思政教育的良好场所。

（三）职业规划指导

学生在毕业前的最后一年，要进行毕业实习，这是大学教学的最后一个环节，也是检验一个专业教学水平的练兵场，在专业教学体系中具有重要的地位。但是随着社会的发展，人们生活水平的提高，很多学生在毕业实习期间对实习工作过于挑剔，还有一部分学生怕苦怕累，不想参加毕业实习。此时，专业教师除了要参与到学生的毕业实习工作之中，还要利用这个机会开展课程思政教育。

广告学专业教师应根据学生各自的特点，帮助学生完成自己的职业规划，并在自己的研究领域对学生的实习工作进行指导。如很多学生在就业时对广告公司的工作压力认识不足，怕苦怕累，此时专业教师就可以结合广告创意活动的成就感对学生进行教育，说明广告行业的职业特点，没有前期的辛苦投入，就无法享受自己创作的广告被传播时的喜悦心情。与此同时，还应帮助学生建立正确的工作观和价值观，使学生了解到自己所学专业知识在社会上的作用，让学生能够在未来的工作中实现自己的人生价值。

四、新文科视域下广告专业课程思政教学的要点

从大的方面来讲,广告学专业属于文学大类,新闻传播学科,因此广告学专业课程有一般文科专业的共同性质。新文科视域下,由于广告学是一门综合性、交叉性专业,它的专业课程内容与其他专业相比,具备一些显著的特点。特别是广告学专业具有课程涉及范围广、课程理论分散、实践性较强的特点,因此,新文科视域下,在进行课程思政时,必须结合广告学专业课程的特点进行,这样才能做到有的放矢、事半功倍。

第一,课程思政教育要从专业课程群入手。现代广告学专业的课程是以传播学和市场营销学为基础,以文学和艺术为表现手段,以消费者行为学和受众心理学为主要内容,以社会学和文化学为研究对象的综合性、交叉性的课程体系。广告学课程内容涉及领域多,内容庞杂。因此在进行课程思政的建设活动时,必须从多方面入手,对整个课程群的内容做好课程思政内容的分工和规划,使整个课程体系的思政内容形成合力。

第二,课程思政要注意经济性和社会性的统一。广告学专业与传播学科其他专业的主要区别在于,广告活动的出发点是经济性的,因此广告学专业的课程理论的核心是如何通过广告活动获取经济利益。而课程思政的主要目的是通过专业课程的教育来获得相应的社会文化利益。因此,如何协调广告学专业课程思政教育中经济性与社会性的关系,使得两者能够协调统一,就是广告学专业课程思政建设所面临的主要问题。

第三,课程思政要把握广告内容创意性和原则性的关系。广告活动最关键的要素是创意。在商业广告活动中,为了获得经济效益,取得传播效果,广告创意必须能够有效吸引注意,所以在广告活动中就出现了很多为了博取眼球而与社会主义思想和文化不相适合的创意内容。在广告学专业课程的思政教育中,如何让学生坚持社会主义的思想道德原则,使他们在创意活动中能通过社会主义思想文化原则来表现广告内容,也是教师必须考虑的问题。

第四,课程思政要注意理论和实践的统一。广告学是一门实践性很强的学科,因此在广告学的课程思政过程中必须注意思政理论与广告实践活动的统一。在广告策划、广告文案写作、广告设计制作、广告媒介发布这些环节中,将课程思政的理论内容转化为能被学生操作的实践内容,利用实践活动加强学生对思政内容的理解,让学生主动地将所学的思政内容应用到经济广告的实际运作过程之中,这是非常考查教师课程设计内容和执教能力的问题。

五、新文科视域下广告专业课程思政的教学方案

（一）思政教育与专业实践进行结合

广告学专业是一门注重学生实践能力培养的专业，学生们在学中做、做中学是一贯的传统，课程思政的融入也应该考虑从实践环节入手。可以考虑现有的实践教学体系，如集中实践课程、分散实践课程等环节，从中分出一定的课时进行思政教育，或者考虑将实践课程的考核与思政内容进行结合，将思政内容作为学习和考核的重点。

此外，也可以将思政教育与学生比赛或者作品创作进行结合。如在学生参与各类专业比赛的过程中，适当引导学生更加关注公益类比赛主题。各类专业赛事中的公益选题，由于背景资料比较少，同时奖励相比于商业选题也很少，因此学生参赛的积极性较低。这就需要教师有意识地引导和约束，让学生更加关注公益选题。在进行商业类广告创意设计的过程中，也可以引导学生关注广告作品的思想性、社会影响，分析作品内容与社会主义核心价值观的相关性，在比较中寻找最佳的广告创意。

（二）开设专门的课程与专题讲座

现有的广告学专业课程主要的内容设计是服务于商业性广告的，商业性广告为了追求利润最大化，总是考虑用各种方法刺激受众的感官和心理需要，在一定程度上加剧了消费主义的流行。但是广告作为一种传播工具，并不是只能服务于商业性的目的，公益广告和政治广告就是与商业广告截然不同的广告类型，在广告主题、表现、创意等方面有着自己独特的属性。

公益广告的主题大多是一些社会热点问题，而且不同于商业广告的是，公益广告往往会涉及一些社会问题，会号召人们禁止一些行为或者转变一种观念。政治广告往往与选举相关，主要以政治人物或党派的理念、主张宣传为主，比较重视情绪和情感表现手法的使用。

这两类广告在一些严肃主题的表现和社会价值的选择上与商业广告差异很明显，并且注重社会意识形态的引领，是值得研究和学习的领域。广告学专业课程思政的融入可以考虑在现有的人才培养体系中开设新的课程或专题讲座，将广告创作中更加注重引导社会正能量的作品进行系统、集中的分析和研究，如"公益广告专题"或"政治广告专题"等，作为商业广告学习的补充。

（三）重视案例教学中的思想导向

广告学专业教学中会使用大量的真实广告作品作为教学案例，师生要在教学中研究这些广告的策划过程、创作技法、表现技法等，最重要的是广告内容是否能说服消费者发生态度转变或者购买，也就是广告传播的直接效果。课程思政的融入对传统的案例教学法提出了新的要求，在研究、分析广告案例时，还要关注广告内容传递出来的思想、价值观，不仅要研究广告的直接效果，还要考虑广告的社会效果，在更广阔的社会背景和历史背景下考虑广告作品的价值，对持有错误意识形态的广告作品要保持警惕。因此，在教学过程中，广告作品分析在关注技法和专业性的同时，也要关注作品传递的价值观、意识和形态。

（四）创新专业与思政相结合的教学方法

传统的灌输式的教学方法已经不能满足当前学生个性化学习的要求，专业教学与课程思政的结合也要尝试不同的教学方法，比如，课间交谈、微信、微博等多种渠道，在与学生的互动中，以学生喜闻乐见的方式将思政理念传播给学生。比如，在为学生推荐实习单位的过程中，可以跟学生交换对当前行业发展趋势的认识，对于当前行业中的不良风气、不良做法进行批评，引导学生坚定自己的理想信念，将职业理想与社会理想结合，做一个对社会有价值、有贡献的专业人士。

在专业教学方面，要继续挖掘专业知识、技能与思政教育的结合点，深入研究社会主义核心价值观的内涵和外延，充分发挥广告教学案例丰富的优势，深化作品分析和讨论，将正确的、反映社会主义核心价值观的广告作品作为教学的重点，丰富教学手段，真正达到润物无声的教学效果。

第五节 新文科视域下英语专业教学与课程思政的融合路径

新文科建设是随着当今科学技术的快速发展和社会产业结构的深切变革，社会人才需求结构之变化，高等教育哲学社会科学领域相关学科专业的适应性发展举措。当前我国国际地位与国际事务参与度不断提升，社会主流文化交融速度随之提高，我国社会主义核心价值观受到冲击与挑战，当代大学生的主流意识形态培养成为高校思政教育的重要目标。新文科建设理念为高校专业课程价值观教育提供了坚固的政策理论支撑。大学英语是高校文科类专业的重要组成，在文科体系中占据关键地位，其学习时间跨度、覆盖面及对大学生的学习影响较其他文科类专业更广，英语专业课程教育教学改革具有重要理论与时代价值。

一、新文科建设背景下英语专业课程思政改革的价值

（一）落实高校立德树人根本任务的必然要求

英语专业课程思政改革是落实高校立德树人根本任务的必然要求。课程思政改革是高校思政教育在价值观教育覆盖面以及教育主体两个层面的有效拓展。

一方面，大学英语课程思政改革扩大了高校思政教育的覆盖面。高校传统价值观教育主要依托于思政教育系列课程，课程内容理论性强，晦涩难懂，大学生的学习积极性不高，导致高校价值观教育整体效果不佳。大学英语课程思政改革可以大幅度扩大思政教育的深度与广度，将大学生价值观教育的重任泛化到各门专业课程教育教学过程中，挖掘大学英语专业课程内容中的思政育人元素，多维度潜移默化地展开当代大学生的价值观教育。

另一方面，大学英语课程思政改革充实了高校思政教育的主体群体。高校传统价值观教育的主体核心是思政教育教师与高校辅导员，受教师主体育人热情、职业倦怠以及辅导员行政管理事务烦琐等种种客观因素影响，高校思政教育整体的组织性及系统性较低。大学英语课程思政改革过程中，提高了全体专业课程教师的思政育人主体责任，使其担任价值观教育育人职责，促进高校全员育人格局的形成。

（二）提升大学英语课程育人质量的内在需要

随着互联网的全面普及，手机、笔记本、平板电脑等形形色色的先进科技工具在当代大学生群体中得以广泛使用，大学生可以借助网络工具方便快捷地接触各种文化与思想，无法避免受到消费主义思潮、个人英雄主义等西方腐朽文化的侵蚀与影响。大学英语专业课程是学生系统学习西方文化的重要渠道，其课程思政改革是提升大学英语课程育人质量的内在需要。

第一，课程思政改革是对大学英语课程育人理念的更新。英语长期作为一门工具性语言，在大学英语课程教学过程中，也过分重视英语的工具性价值，忽视其德育价值，导致大学英语育人侧重应试教育，其教育教学改革也停滞不前。新文科建设背景下，大学英语课程思政改革是对英语学科深层育人意义的挖掘与应用。

第二，大学英语课程思政改革是对专业课程教学内容的充实与丰富。传统大学英语课堂教学过程中，授课教师仅仅需要教授简单的英语语言知识、应用技能及英美文化知识。

课程思政改革对课程内容的丰富性提出了新的要求，授课教师需要在讲授英美文化知识的同时，跟学生一起分析讨论英美文化所表达的思想与价值观念，挖掘教材中蕴含的思政元素，提高学生对英美文化的客观判断能力。

第三，大学英语课程思政改革是对专业课程教育方式的创新与改革。课程思政改革要求授课教师创新教育教学模式，比如，在学习不同历史时期英美主流思想的同时，对比中国同一时期的文化，通过审视分析其异同，深化大学生对中华优秀传统文化的内在认同感，提升大学英语教学质量。

（三）培养当代大学生正确价值观的重要途径

育人是高校一切教育教学活动的核心内容，为我国社会主义建设培养合格的接班人是教育的根本目标。大学生正确价值观的养成不仅是高校思政教育目标，更是不同专业课程的重要职责。

新文科建设背景下，课程思政是培养大学生正确价值观的重要途径，大学英语课程思政改革是重要环节之一。

首先，课程思政改革有助于促进学生全面发展。传统大学英语教学过分重视智育，侧重学生语言知识与技能的提升，课程思政要求教师坚持德育为先的原则，坚持知识传授与价值观培养的协同发展，在培养学生语言运用能力的同时，促进学生综合素质的提升，进而促进当代大学生德智体美劳全面发展。

其次，课程思政改革有助于健全学生完整人格。大学英语课程思政改革过程中，授课教师充分挖掘教材中的育人资源，在专业课教学过程中发挥其隐形教育的作用，学生在获取知识的同时，塑造完美人格。

最后，课程思政改革可以激发学生自主学习的热情与能动性。在课程思政融入性教学过程中，师生互动更加频繁高效，课堂学习氛围浓厚，可以有效激发学生积极思考，培养学生自主探索、研究、创新意识与能力，激发学生学习能动性。大学英语课程是当代大学生学习英美文化的主渠道，新文科建设背景下，以价值引领促进学科发展是大学英语课程思政改革的现实意义所在。

二、新文科建设背景下英语课程思政改革的路径

（一）树立课程思政育人理念

新文科建设为大学英语教学改革提供了全新的发展方向，把握新文科建设重点，全面

落实立德树人根本任务，树立课程思政育人理念是课程思政融入性教学改革的首要任务。

首先，高校应积极响应国家政策指引，重视课程思政的时代性育人价值，在全校范围内积极宣传课程思政育人理念，鼓励各门专业课程进行思政改革，在全校范围内营造课程思政改革的氛围，为大学英语课程思政改革提供良好的发展环境。

其次，专业课授课教师应提高自身的思政育人意识。教书育人是教师职责所在，大学英语授课教师不仅仅是英语专业知识的传授者，更是大学生正确价值观的塑造者与引导者。大学英语授课教师应围绕立德树人根本目标，设计教学内容，创新教学模式，开展教学活动。基于此，大学英语授课教师应借助先进信息化工具及时了解并学习国家相关政策，提升思政育人意识，积极完成教师作为学生价值观引领者角色的任务。

最后，学生是课程思政育人活动的接受者，高校应在学生群体中积极宣传思政教育的重要价值，帮助大学生充分了解知识教育与价值塑造的同等意义，从而提高大学英语课程思政融入性教学的质量。

（二）构建立体化课程体系

课程是大学英语充分发挥隐性价值观教育价值的载体依托，高校应紧扣大学英语思政育人切入点，创新课堂教学组织结构，在英语专业课程中融入文化教育，打造立体化课程思政体系，为课程思政融入性教学提供内容保障。

第一，高校应充分挖掘目前大学英语系列教材内容中的思政元素。以《英美文化基础课程》这一教材为例，教材内容主要包括不同历史时期英美国家优秀文化作品，传递不同历史阶段主流文化和价值观念，教材主要以英语文本形式呈现。基于现有教材内容，高校大学英语授课教师可以在教材内容讲授过程中，融入同一历史阶段中华优秀传统文化，进行比较教学，引导大学生客观看待中西文化差异，培养学生辩证性文化认知能力，深化大学生对社会主义主流意识形态的内在认知。

第二，大学英语教材设计者应不断完善教材内容，增加思政教育内容。一方面，教材编辑者应结合时代发展需求与立德树人根本任务，及时更新大学英语系列教材，在教材中补充国内政治、文化的时代变化与价值等内容，充分发挥教材自身的思政育人意义；另一方面，基于教材内容的改革与完善，大学生英语水平测试内容也应相应增加思政教育相关内容，以评促改，提升课程思政育人质量。

第三，积极研发大学英语校本课程。高校应结合新文科建设宏观背景、国家最新政治局势及校内大学英语课程教学的现状，组织课程思政融入性教学成果显著的教师团队，研发校本课程，从而促进教材隐性思政育人功能的发挥。

（三）创新多元化教学模式

随着我国信息化水平的不断提高，借助先进网络技术进行信息化教学改革成为全国高校教学模式创新的主要途径和主流趋势。当代大学生是互联网时代的"原住民"，其学习生活方式深受智能化工具的影响，对信息化教学技术手段的接受能力较强，因此，信息化时代不仅为大学生价值观教育提供必要性，同时，也为大学英语课程思政教学模式创新提供载体依托。

第一，高校应大力引进信息化教学技术与工具，创新信息传递方式，提升大学英语课程教学的吸引力。现阶段，大学英语教学内容多以文字形式呈现，与信息化时代大学生信息接收方式的变革严重不符。对此，高校应积极引进多媒体等信息化教学工具，以图片、视频等多种方式对教学内容进行重新整合与组织，运用信息化工具展开课程思政融入性教学，有效提升教学质量。

第二，高校应充分利用信息技术，开拓思政教育第二课堂，进行大学英语课程思政改革实践。比如，高校可以运用翻转课堂教学模式，课前教师可以通过微信群等，将课程教学内容递给学生，要求学生在上课之前通过线上线下资料查询预习教材内容，掌握大学英语教材内容中单词、语法等基础知识，上课时间，教师应积极组织相关问题的深层次分析与探讨，引导学生对学习内容进行深度认知，在师生讨论分析过程中引导融入价值观教育。

（四）打造高水平教师团队

新文科建设背景下，大学英语课程思政改革对教师专业发展提出了更加丰富、严格的标准与要求。大学英语授课教师不仅应具备扎实的专业课程教学知识，还应对大学生思想政治教育课程体系、教育心理学、社会学等跨学科知识有一定的知识储备和运用能力。同时，为了信息化教学改革的顺利进行，大学英语授课教师还应具备熟练的信息化工具运用能力，因此，围绕新文科建设育人根本目标，促进大学英语授课教师专业化发展，打造高水平教师团队对于课程思政融入性教学活动的展开尤为重要。

首先，高校应定期组织大学英语专业课授课教师进行思想政治培训。授课教师在扩充英语专业知识库的同时，应及时理解最新国家政治观点，提升政治高度，坚定主流价值观念，培养其政治自信。

其次，高校应高度重视英语授课教师思政育人能力的培养。一方面，高校可以聘请国内高校课程思政实践经验丰富的专家或学者来校进行思政育人经验分享；另一方面，高校应为英语授课教师外出参加课程思政专题学术会议提供支持，从经验借鉴到适应性实践探索，逐步完善本校大学英语课程思政改革整体规划。

再次，大学英语教师团队应定期研讨课程思政融入性教学进程，分享思政教育内容、方法与技巧，逐步形成本校特色化大学英语课程思政育人模式。

最后，高校应强化英语授课教师信息化教学能力的培训，提高教师对多媒体等信息化教学工具、腾讯视频等信息化教学软件的运用能力，为教学模式创新提供技术支持。

课程思政是高等教育领域针对传统教学方式的一次教学革命，是高等教育提高德育价值的重要举措。随着全球化的广泛推进，部分西方腐朽思想通过互联网等信息媒介传入我国，大学生的思想价值观培养受到更加严峻的冲击与挑战。大学英语专业课程是大学生系统学习西方不同历史阶段主流思想观念的重要渠道。新文科建设背景下，各个高校不断强化大学英语课程思政的开展与实施，在大学英语专业课程教学过程中积极开展价值观教育，有助于培养当代大学生的正确核心价值观念，有助于明确各个高校优秀外语人才的价值导向，进而维护国家意识形态安全，具有重要时代价值与现实意义。

参考文献

［1］艾扎木·艾拜都拉，艾则孜·阿不力米提．新文科视域下高校现代汉语课程思政体系构建［J］．汉字文化，2023（06）：37-39．

［2］白琼．新文科背景下高校广告学专业创新创业教育体系构建［J］．美术教育研究，2023（06）：80-82．

［3］曹清．高校思政课实践教学与大学生核心素养的培育［J］．盐城师范学院学报（人文社会科学版），2019，39（01）：105-108．

［4］昌进，霍楷．基于课程思政的素质教育改革与实践研究［J］．创新创业理论研究与实践，2021，4（15）：74-76．

［5］陈柏瑾，刘秀伦．"三全育人"理念下高校"课程思政"队伍建设研究［J］．太原城市职业技术学院学报，2021（08）：93-96．

［6］陈金钊，陈星伟．新文科建设之法学联想［J］．新文科理论与实践，2022（04）：51-62+121．

［7］陈晶晶．新文科背景下高校英语"课程思政"建设研究［J］．湖北开放职业学院学报，2023，36（09）：108-110．

［8］陈旻．"三同三力"推进高校思政课程与课程思政相结合析论［J］．思想教育研究，2021（05）：122-126．

［9］陈始发，张丽．论全面提升高校教师课程思政建设能力［J］．马克思主义与现实，2020（05）：183-189．

［10］陈万军，赵生学，丁艳．特征、困境、路径：新时代背景下高校课程思政建设论析［J］．黑龙江工程学院学报，2023，37（02）：62-67．

［11］胡作友，曹馨．新文科视域下高校英语教师的发展路径［J］．湖南工程学院学报（社会科学版），2023，33（01）：119-124．

［12］黄权伟．新文科视域下工科优势高校法学教育检视［J］．河南教育（高等教育），2023（04）：49-50．

[13] 纪毓悦，张慧贞. 新文科背景下的汉语国际教育本科专业培养方案对比分析［J］. 公关世界，2023（06）：64-66.

[14] 姜雅净，程丽萍. 三全育人理念下高校课程思政改革实践［M］. 上海：立信会计出版社，2021.

[15] 李娇. "新文科"背景下新建本科院校新闻传播学专业课程教学改革与实践研究［J］. 采写编，2023（04）：160-162.

[16] 李悦悦. 新文科视野下新闻专业人才培养的路径与对策［J］. 记者摇篮，2023（02）：51-53.

[17] 刘莉. 新文科背景下法学实践教学的时代回应和变革［J］. 贵州警察学院学报，2023，35（01）：122-128.

[18] 龙梦培. 新文科背景下综合英语课程教学改革研究与实践［J］. 海外英语，2023（05）：129-131.

[19] 孟昭苏. 高校学生主体性养成研究［J］. 安徽冶金科技职业学院学报，2022，32（01）：72-74.

[20] 穆伯祥. 新文科背景下应用型高校法学学科专业建设的障碍与突破［J］. 中国军转民，2023（06）：8-9.

[21] 潘妤. 新文科建设背景下英语专业教学与课程思政的融合路径探究——以高级英语写作课程为例［J］. 海外英语，2023（04）：100-102.

[22] 曲鑫，李德刚，刘桐. 新文科背景下课程思政建设路径探索［J］. 北京教育（高教），2023（06）：88-90.

[23] 申雪凤，文宰鹤. 新文科建设背景下卓越广告人才培养的课程群建设［J］. 传媒，2023（06）：86-88.

[24] 沈赤. 课程思政经典案例选编［M］. 杭州：浙江大学出版社，2020.

[25] 石慧，蒋欣桐，陈至林. 地方高校课程思政建设历程、现状及展望——以上海市S大学为例［J］. 西部素质教育，2023，9（08）：17-20.

[26] 石书臣. 高校思政理论课与通识教育课程的关系探讨［J］. 中国高等教育，2011（05）：21-23.

[27] 檀晶晶. 面向新文科的汉语国际教育专业本科人才培养模式研究［J］. 高教学刊，2023，9（10）：154-157.

[28] 王淑荣，董翠翠. "课程思政"中专业课教师政治素养的四重维度［J］. 河南师范大学学报（哲学社会科学版），2022，49（02）：129-137.

[29] 王英龙，曹茂永. 课程思政：我们这样设计［M］. 北京：清华大学出版社，2020.

[30] 燕连福，温海霞. 高校各类课程与思政课同向同行育人的问题及对策［J］. 高校辅导员，2017（04）：13-19.

[31] 杨金铎. 中国高等院校"课程思政"建设研究［D］. 长春：吉林大学，2021：55.

[32] 袁贺南."新文科"背景下英语专业课程体系建设研究［J］. 科教导刊，2023（02）：40-42.

[33] 张福刚，袁晓然玉. 新文科背景下高校法学课程思政教学的实现路径［J］. 晋中学院学报，2023，40（01）：89-94.

[34] 张猛，郭钟慧，贾倩. 新时代高校课程思政建设与专业教育融合路径探析［J］. 佳木斯职业学院学报，2023，39（06）：22-24.

[35] 张娜. 发挥高校教师在课程思政建设中的主体作用探究［J］. 重庆电力高等专科学校学报，2023，28（02）：62-65.

[36] 张宁宁，张敏. 新文科视域下广告专业的融合与创新［J］. 漳州职业技术学院学报，2022，24（02）：38-43.

[37] 张铨洲. 课程思政建设中发挥大学生主体性作用研究［D］. 天津：天津工业大学，2019：1-3.

[38] 赵伟东，佟彤. 论新文科视域下新闻学专业教学中的美学实践［J］. 理论观察，2023（02）：157-160.

[39] 郑永廷. 思想政治教育学原理［M］. 北京：高等教育出版社，2016.